Inhalt

W0243764

Einleitung

Dieses Buch verdanke ich vielen wunderbaren, feinfühligen, engagierten und pflichtbewussten Menschen. Als studierte Sozialpädagogin mit Schwerpunkt Sozialpsychiatrie und einer Ausbildung in Psychotherapie gebe ich Seminare zur Burnout-Prävention. Ursprünglich entstanden sind diese Seminare aus einem Kurs für erschöpfte berufstätige Mütter, den ich vor über 20 Jahren konzipiert habe.

Als ich selbst in den 1980er Jahren Mutter von vier Kindern wurde, entwickelte ich zunächst – als Ausbilderin in der Gesellschaft für Geburtsvorbereitung, Familienbildung und Frauengesundheit – Kurse für eine ganzheitliche Familienbegleitung. Mit im Boot waren die Bundeszentrale für gesundheitliche Aufklärung sowie die EU in Gestalt eines Programms für Osteuropa, das eine zweijährige Schulung zur Frauengesundheit in St. Petersburg ermöglichte. Im Rahmen dieser speziellen Gesundheitsförderung rückte das Thema Stress immer stärker in meinen beruflichen Fokus.

Im Jahr 2005 bat mich eine große Krankenkasse um ein Konzept zur Burnout-Prävention für berufstätige Mütter. Daran hatte auch der Europäische Sozialfonds großes Interesse, sodass Zeit und Gelder für Entwicklung und eine kleine Forschung vorhanden waren. In diesem Zusammenhang habe ich das «Institut für Burnout-Prävention» in Hamburg gegründet und seitdem zahlreiche Menschen mit einer tiefgreifenden psychosomatischen Erschöpfung in fünftägigen Intensivseminaren begleitet.

Bei der Konzeption des ursprünglichen Kurses für erschöpfte berufstätige Mütter fragte ich mich, was ihnen am besten helfen könnte. Gestresste Mütter kannte ich reichlich. Sie waren müde, nervös und irgendwie auch hoffnungslos. Viele von ihnen waren so gereizt, dass sie sich selbst kaum wiedererkannten und, vor allem, sich selbst nicht mehr mochten. Sie zweifelten an ihren Fähigkeiten und an ihrer Lebenssituation generell. Diese negativen Gedanken setzten sich fest. Die Frauen schliefen schlecht und grübelten nachts, wenn sie wach lagen, über die vermeintliche Ausweglosigkeit ihrer Situation. Die Freude am Kind, an sich selbst, am Familienleben wurde immer weniger; ebenso das Gefühl, selbst etwas gestalten zu können. Die empfundene Hilflosigkeit, oftmals gepaart mit Einsamkeit, führte zunehmend in einen Teufelskreis: Grübeln – Rückzug – Selbstzweifel – Grübeln – Rückzug … Die Mütter litten unter dem nächtlichen Gedankenkarussell, hatten das Gefühl, «nichts ändern zu können» und immer wieder auf sich selbst zurückgeworfen zu sein. Ihre Fähigkeit, mit anderen Menschen in Kontakt zu treten, ließ nach, sie fühlten sich schwer und wertlos, was oft durch eine Krankschreibung noch verstärkt wurde. Die Frauen waren am Boden, bedrückt und niedergeschlagen.

Im zweiten Kurs, noch in der Pilotphase, kamen Frauen ohne Kinder in die Gruppe, und ich stellte fest, dass es im Hinblick auf deren Erschöpfung überhaupt keine Unterschiede zu den gestressten Müttern gab, lediglich die Baustellen waren andere: Ob sie sich um ihre pflegebedürftigen Eltern kümmerten, sich beruflich oder sozial intensiv engagierten – alle Frauen vernachlässigten sich selber. Wir öffneten den Kurs in der nächsten Runde für alle und nannten ihn «Work-Life-Balancing für Frauen». Bald darauf gab es das Angebot auch für Männer. Beide Seminare wurden erfolgreich evaluiert, das Frauenseminar 2008 vom Fachbereich Gesundheitswissenschaften der Hochschule für Angewandte Wissenschaften Hamburg, das Männerseminar 2010 vom Fachbereich Psychologie der Universität Hamburg und 2013 beide noch einmal zur Überprüfung der Nachhaltigkeit vom Fachbereich Wirtschaft & Medien, Studiengang Business Psychology der Hochschule Fresenius Hamburg. Danach dachte ich mit meinem Team über gemischte Gruppen nach. Doch das wurde nicht nur von den Frauen abgelehnt, sondern – zu unserer großen Überraschung – noch viel vehementer von den Männern: Sie wollen unter sich bleiben. In diesem Buch liegt der Fokus auf der Burnoutprävention bei Frauen. Denn sie sind es, die ich selbst überwiegend in meinen Kursen erlebe. Vieles von dem, was hier verhandelt wird, gilt natürlich für beide Geschlechter. Wenn an bestimmten Stellen die Erfahrung der männlichen Kursteilnehmer eine dezidiert andere ist als die der Frauen, wird das gesondert beschrieben.

Bei der Kurskonzeption tauchte dann vor allem die Frage auf: Wie sollten die Frauen aus der Stresssituation herauskommen, wenn die diversen objektiven Belastungen doch so auf der Hand lagen und im Prinzip kaum verändert werden konnten? Die Verhältnisse, in denen sie lebten, konnten die Teilnehmerinnen ja nicht von heute auf morgen ändern. Reine Entspannungsverfahren halfen aber auch nicht. Die tun ohne Frage gut, ändern aber nichts an den Stressauslösern. Wir mussten also die persönlichen Einstellungen und den individuellen Umgang mit Belastungen in den Fokus nehmen.

Warum war ich selbst zwar sehr oft erschöpft, hatte aber trotz unserer vier Kinder und knapper finanzieller Mittel nie das Gefühl auszubrennen? Worin lag der Unterschied?

Es waren schließlich meine Kinder, die mich darauf brachten: Sie diskutierten in ihren Rollenspielen oft darüber, wer die Bestimmerin oder der Bestimmer sei. Nach einer Weile wechselten die Rollen. Als ich ihnen eines Tages eine notwendige Ansage machte, ärgerten sie sich und maulten: «Immer willst du die Bestimmerin sein!» Meine Antwort lautete: «Klar bin ich die Bestimmerin, ich bin ja auch die Mutter.» «Ach so», sagten meine Kinder und trollten sich.

Meine spontane Reaktion hat mir etwas klargemacht: Nicht nur als Mutter, ganz grundsätzlich fühle ich mich als die Bestimmerin meines Lebens. Und meine Kinder zeigten mir täglich: Letztlich ist alles ein großes, wundervolles Spiel.

Diese Leichtigkeit, verbunden mit der Gewissheit, es immer irgendwie hinzubekommen – nicht unbedingt perfekt und gerne auch mit Hilfe –, diese Leichtigkeit schützt mich vor einer tiefgreifenden Erschöpfung.

Ich entwickelte also ein erstes Konzept, das im Wechselspiel mit unseren Teilnehmenden immer weiter verbessert und verfeinert wurde und zu dem Seminarkonzept geführt hat, das diesem Buch zugrunde liegt.

Ziel meiner Burnoutprävention ist es, aus den Grübelschleifen heraus zu einer spielerischen Leichtigkeit und Gestaltungsfreude zu gelangen: vom Homo sapiens über den Homo ludens zum Homo formans, also zum gestaltenden Menschen. Eine nachhaltige aktive Stressbewältigung ist nur möglich mit einem guten Selbstwertgefühl und der Gewissheit: «Ich bin es wert. Ich bekomme das hin.»

Bereits im Rahmen des Seminars sollen die Frauen von allem nur das Beste bekommen: Wertschätzung für ihre Lebensleistungen, Leichtigkeit und Selbstbestimmung, dazu fördernde Gemeinschaft. Sie sollen ihren Humor wieder spüren und laut lachen, sich selbst und alles, was sie leisten, anerkennen, den Geist mit Neuem beschäftigen, Gelassenheit erleben und gerade damit zum Ziel kommen. Sie sollen sich wieder stark und leistungsfähig fühlen, sich selbst in den Mittelpunkt stellen und entspannt «Nein» sagen, ohne ein schlechtes Gewissen.

Die Vorstellung von einem Kind, das sich vom Liegen zum Sitzen, vom Stehen zum Gehen und vom Hüpfen zum Tanzen aufrichtet – dieses Bild war leitend für das Konzept.

Ziel ist eine spielerisch kreative Leichtigkeit im Umgang mit den Herausforderungen des Alltags, die bereits im Seminar erlebbar werden soll. Und hier liegt ein großer Unterschied zur klassischen kognitiven Verhaltenstherapie, bei der vorwiegend über das Denken eine Einstellungs- und Verhaltensänderung angestrebt wird.

Mein theoretisch-praktischer Hintergrund basiert neben vielen anderen Erkenntnissen auf dem Gesundheitsansatz der Salutogenese von Antonovsky, dem Konzept zur Selbstwirksamkeitserwartung nach Bandura und den Kommunikationstheorien nach Watzlawick mit ihren ganz besonderen Lösungsansätzen. Das Verständnis der humanistischen Psychologie, die den Wunsch des Menschen, zu wachsen und sich weiterzuentwickeln, in den Mittelpunkt stellt, ist dabei leitend. Es geht in meinen Seminaren darum zu verstehen, was genau zum individuellen tiefgreifenden psychosomatischen Erschöpfungszustand geführt hat. Dabei wechsele ich immer wieder die Methode, um die Perspektive verändern und den Blick weiten zu können. Auch lässt es sich – das ist neurobiologisch erwiesen – durch einen Methodenwechsel leichter lernen: So fordert theoretisch-analytischer Input den Geist, während psycho-physiologische Entspannungsmethoden die Aufmerksamkeit auf Atem und Körper lenken. Kreatives Gestalten aktiviert wiederum ganz andere Fähigkeiten. Eine wesentliche Voraussetzung, um dem Stress wirksam begegnen zu können, ist, die Haltung dem eigenen Lebensentwurf gegenüber zu überprüfen und gegebenenfalls zu ändern. Eine solche Änderung ist nur sehr schwer zu vollziehen. Manchmal hat man bestimmte Lebensweisheiten so sehr verinnerlicht, dass man in die Tiefe gehen muss, um sie hinterfragen zu können. Das Modell der Transaktionsanalyse mit dem aktiven freien Kind-Ich legt offen, woher die emotionale Kraft dafür kommen kann. Gruppenarbeiten helfen, persönliche Ressourcen zusammenzutragen und wiederzuentdecken. Und neurobiologische Modelle liefern eine Erklärung, warum uns Veränderungen oft so schwerfallen und wie wir unsere Vorsätze umsetzen und durchhalten können.

All diese Erfahrungen und Methoden sind in dieses Buch eingeflossen. Und auch wenn die Leserin nicht real mit uns im Seminarraum sitzen und deshalb nicht unmittelbar von der Gruppenarbeit des Seminars profitieren kann, haben wir hier doch alles Wissenswerte zusammengestellt, um einen Erkenntnis- und Entwicklungsprozess anzustoßen. Wir zeichnen im Folgenden die fünf Seminartage exemplarisch nach und lassen die Leserin direkt daran teilhaben, sodass wir uns auf eine gemeinsame Reise begeben. Dafür muss geklärt werden: Von welchem Punkt startet jede Teilnehmerin, jede Leserin, und wo will sie hin? Was hat sie im Gepäck, was davon ist nützlich, was Ballast? Und vor allem: Wo geht ihre Energie immer wieder verloren, und wo tankt sie auf? Manchmal gibt es Lecks, aber auch Kraftquellen, die kaum wahrgenommen werden. Die wollen wir freilegen. Passgenau für jede Frau.

Burnoutprävention ist wie die allbekannte Suche nach

dem verlegten Schlüssel: Meist sucht man ihn mehrfach am selben Ort, schaut wieder und wieder auf das Schlüsselbrett, wo der Schlüssel aber leider gerade nicht hängt. Oder man wühlt verzweifelt in derselben Handtasche, die man doch schon vor zwei Minuten erfolglos durchforstet hat. Bei der Schlüsselsuche ist man wie festgelegt auf immer dieselben Stellen, sucht und sucht, findet nichts und ist frustriert. Bis dann plötzlich jemand kommt und Hinweise gibt, wo er sein könnte: «Eben hast du doch noch die Blumen gegossen, schau doch mal auf dem Fensterbrett nach.» Und da liegt er dann, der Schlüssel – natürlich. Der Blick des anderen, der Blick von außen, ist wichtig.

Diesen Blick von außen will ich liefern. Ich gebe erschöpften Menschen allerdings keine Ratschläge, Rezepte, Zaubertricks oder Tipps gegen Burnout. Einfache Lösungen habe ich weder in meinen Seminaren noch in diesem Buch zu bieten. Was sich hier findet, sind professionelle Analyseinstrumente, ein gut komponierter Methodenmix, Übungen zum Selbermachen und die Essenz langjähriger Erfahrung.

Aus seelischen Gründen nicht mehr leistungsfähig zu sein, gilt in unserer Gesellschaft nach wie vor als Schwäche. Mit diesem Buch möchte ich dazu beitragen, das Tabu zu durchbrechen, und gleichzeitig neue Wege aus der Erschöpfung aufzeigen und ermutigen, sie zu gehen.

Erster Tag: Wieso bin ich so erschöpft?

«Ich kann nicht mehr!»

Ich bin gespannt. Nun gebe ich diese Intensivseminare schon so lange, und doch ist es immer wieder ganz neu, ganz anders. Welche Frauen werden heute wohl dabei sein, welche persönlichen Themen auf den Tisch kommen? Was wird das zentrale Thema dieser Gruppe sein? Wird es Teilnehmerinnen geben, denen es schwerfällt, vor so vielen neuen Menschen über die eigenen Nöte zu sprechen? Und wie kann ich ihnen Mut machen, sich endlich einmal zu entlasten? Wird jemand gerne führen und das Gruppenklima bestimmen wollen? Was mache ich dann? Wie kann ich weiter bedingungslos wertschätzend für alle bleiben? Worauf werde ich diesmal ganz besonders achten müssen?

Die ersten Frauen finden sich ein. Ein wenig unsicher, aber auch erleichtert, diesen Ort gefunden zu haben, angekommen zu sein. So wirken sie auf mich in diesem Moment. Ich reiche jeder von ihnen die Hand und heiße sie willkommen.

Der Tagungsort, an dem wir – zehn Frauen und ich – uns treffen, ist einer meiner liebsten: ein weitläufiges, großzügig angelegtes grünes Gelände. Um ziegelrote Jahrhundertwendehäuser mit Veranda gruppieren sich moderne Zweckbauten. Gewundene Kieswege führen zu riesigen alten Kastanien, die gerade rot blühen. In der Mitte liegt ein kleiner Teich, den die Teilnehmerinnen später See nennen werden. Es ist Frühsommer, leicht bewölkt, warm. Die Vögel zwitschern. Wir tagen in einer reetgedeckten zweistöckigen, modern ausgebauten Kate. Die Ruhe hier ist ideal für das Seminar.

Endlich sind alle versammelt. Ganz unterschiedliche Frauen zwischen Mitte zwanzig und Ende fünfzig sitzen mit einem Kaffeebecher in der Hand im Kreis auf bequemen Stühlen und schauen mich erwartungsvoll an. Ich habe das Gefühl, ihre Gedanken und Fragen lesen zu können: Was wird hier wohl geschehen? Muss ich Dinge von mir preisgeben, die ich lieber verborgen halten möchte? Werde ich vielleicht zu etwas gedrängt, das ich eigentlich nicht will? Kann ich Vertrauen haben?

Zum Auftakt erläutere ich den äußeren und inneren Rahmen des Seminars: Wir beginnen jeden der fünf Tage morgens um neun und enden nachmittags um vier. Wir haben das Tagungshäuschen für uns, können uns ausbreiten, Teeküche und Kühlschrank nutzen, uns für die einstündige Mittagspause Essen mitbringen oder essen gehen. Ich habe den Schlüssel zum Haus und zeige den Teilnehmerinnen, wie sie den Türschnapper einstellen müssen, um das Haus autonom betreten und verlassen zu können. Es gibt einen Vormittags- und einen Nachmittagsblock.

Ich werde kleine Arbeitsaufträge vergeben, die die Teilnehmerinnen in Gruppen zu zweit oder zu dritt bearbeiten werden. Der Nachmittag beginnt jeweils mit einer halbstündigen Entspannungseinheit. «Sorgt gut für euch», sage ich. Denn damit haben die Frauen, insbesondere die Mütter unter ihnen, oft Probleme. Sie, die sonst so selbstverständlich für andere sorgen, vergessen häufig die Selbstfürsorge.

Alle unterschreiben, dass sie persönliche und berufliche Informationen der anderen Teilnehmerinnen vertraulich behandeln werden.*

Ich schlage vor, dass wir uns duzen, und alle sind einverstanden. Eine Rolle Tesakrepp für die Vornamen macht die Runde. Ab jetzt sind wir füreinander Olga, Silke, Tanja, Susanne, Dagmar, Birte – und Helen. Außerdem notieren die Frauen ihren Namen oben auf einem der für sie vorbereiteten großen roten Zeichenkartons, die gut sichtbar im Seminarraum hängen. Im Laufe der kommenden Tage wird sich diese persönliche Pinnwand mit wichtigen Ergebnissen füllen.

Sorgt gut für euch! – das ist Ziel und Inhalt unserer gemeinsamen Zeit. Jede teilt nur das mit, was sie möchte, macht ihre Pause, wann immer sie eine zusätzliche für sich braucht. Jede steht, sitzt, liegt, isst, trinkt, wie im-

* Deshalb heißen die hier beschriebenen Frauen in Wirklichkeit auch ganz anders. Sämtliche Äußerlichkeiten und Lebensgeschichten sind so verfremdet, dass sie nicht zuzuordnen sind.

mer es komfortabel für sie ist, kommt entspannt, auch mal zu spät, wie es ihr passt. Fünf Tage Übungszeit, um sich wieder selbst zu fühlen, um sich gut zu fühlen – im doppelten Wortsinn. Dazu gehört auch, sich abends möglichst wenig vorzunehmen, damit das Erlebte noch ein wenig nachwirken kann.

Auch wer dieses Buch liest, wird vielleicht mit Erkenntnissen konfrontiert werden oder Gefühlen ausgesetzt sein, die überraschend sein können, die Zeit und Raum brauchen, um nachklingen zu können. Möglicherweise möchte man während der Lektüre immer mal wieder innehalten und nachdenken. Vielleicht fällt einem eine Übung ganz leicht, und zu einer anderen findet man nicht gleich Zugang. Das ist in Ordnung und bei jeder und jedem ein wenig verschieden. Eines aber empfehle ich: Die Kapitel in der hier präsentierten Reihenfolge zu lesen. Denn sie bauen aufeinander auf, begleiten einen bewährten Prozess, der neue Wege aus der Erschöpfung aufzeigt.

Den Seminarteilnehmerinnen sage ich, dass Partner und Partnerinnen oder auch Freundinnen und Freunde bisweilen eher verhalten, vielleicht sogar abwehrend auf die bewegten Berichte aus dem Seminar reagieren. Das ist normal. Sie sind besorgt und wollen auf jeden Fall, dass es den Frauen besser geht. Sie sind aber auch besorgt um sich selbst und wollen keine Veränderung. Das ist ebenfalls normal. Ich würde auch nicht wollen, dass mein Mann ein Seminar besucht und hinterher alles auf den Kopf stellt. Wenn die Frauen also Desinteresse oder sogar Widerstand spüren, so sollen sie das einfach hinnehmen und es gut sein lassen. Am Ende des Seminars werden sie meiner Erfahrung nach mit ihren Erzählungen auf offene Ohren und aufmerksame Zuhörer stoßen, das kann ich ihnen versprechen. Sie werden nämlich nicht alles hingeschmissen haben, sondern erst einmal einfach nur besser drauf sein. Und die kleinen Stellschrauben, an denen dann gedreht wird, können eine enorme Hebelwirkung entfalten und werden zum Wohle aller sein.

Ich sehe in skeptische Gesichter: Fünf Tage sollen reichen, um bei hochgradig gestressten Menschen ein Burnout zu verhindern? Kann das überhaupt funktionieren? Und wie?

Ja, das geht, denn das Ziel ist ganz einfach: Es geht darum, wieder bei sich selbst anzukommen und von dort die Kraft zu schöpfen. Die Frauen haben sich verausgabt, immer mehr, ohne dass sie es merkten, und nun sind sie einfach nicht mehr bei sich. Den ersten kleinen – und wichtigsten – Schritt haben sie schon getan, denn sie haben ihre Erschöpfung wahrgenommen und sind hier in dieses Seminar gekommen. Nun haben sie fünf Tage nur für sich. Sie müssen auf nichts anderes aufpassen als auf sich selbst. Alles andere ist mein Job. Dieses Gut-auf-sich-selbst-Aufpassen ist bereits der zweite Schritt. Und so wird es weitergehen.

Wir beginnen mit der Vorstellungsrunde. Nach dem Popcorn-Prinzip – wer reif ist, springt – stellen sich die Frauen vor und erzählen, was sie in dieses Seminar geführt hat.

Da ist die rothaarige Birte, die als Sonderpädagogin mit mehrfach behinderten Kindern arbeitet. Birte wirkt kontrolliert, spricht schnell und präzise:

«Mein Job ist stressig, ich habe viel Verantwortung und selbst auch noch drei Kinder im Alter von drei, fünf und acht. Ich arbeite 30 Stunden die Woche und bin Teamleiterin. Eigentlich läuft alles gut, aber zu Hause geht der Stress eben weiter.» Birte gibt einen Stoßseufzer von sich: «Was ich alles organisieren musste, um hierherzukommen, was ich an Vorlauf hatte, bis ich mal denke, das wird schon, bis ich loslassen …» Sie schluckt und lässt den Satz unvollendet. Erst auf meine Nachfrage hin erzählt sie, dass zu ihrem Leben auch ein Mann gehört, ein gut verdienender Jurist, der beruflich viel unterwegs ist.

«Ich bin verheiratet alleinerziehend, sage ich immer. Also, wenn mein Mann um neun Uhr abends oder später nach Hause kommt, ist der Tag mit den Kindern eigentlich gelaufen. Ich hetze den ganzen Tag von Termin zu Termin: Teambesprechungen, Telefonkonferenzen, Elterngespräche, später dann Kita-Abholung, Fußballtraining, Einkäufe. Ich komme überhaupt nicht hinterher. Oft gehe ich zur selben Zeit ins Bett wie die Kinder. Und am nächsten Tag beginnt alles von vorn.» Birte beendet ihre Vorstellung mit den Worten: «Ich habe mich für das Seminar entschieden, weil ich vor kurzem am U-Bahn-Gleis stand und dachte, Hilfe, gleich kippst du um. Gleich fällst du auf die Gleise. Ganz plötzlich hat es vor meinen Augen geflimmert, mein Herz hat gerast wie verrückt.»

Bei diesen Worten rutscht Tanja, eine Frau mittleren

Alters in Jeans mit zeitloser Brille, unruhig nach vorn auf die Stuhlkante. Tanja ist gelernte Verkäuferin, erzählt sie. Seit über 17 Jahren arbeitet sie im Elektronikfachhandel. Immer Vollzeit. Ihr Arbeitsumfeld hat sich stark gewandelt: Zunächst hat sie in einem kleinen Fachgeschäft, dann in einem Baumarkt gearbeitet, und jetzt ist Tanja in einem riesigen Elektronikmarkt angestellt.

«Früher hatten die Kunden einfach mehr Zeit, wollten beim Kauf einer Waschmaschine so richtig beraten werden. Das Verkaufen hat mir echt Spaß gemacht. Heute werde ich angeschnauzt, wenn ich nicht sofort die gewünschte Toner-Kartusche aus dem Regal ziehe. Die Leute werden immer unfreundlicher. Das Schlimmste ist aber der Arbeitsplatzabbau. Ich habe schon so viele Kolleginnen und Kollegen gehen sehen. Oft bin ich auf unserer riesigen Etage ganz allein. Da hilft es mir auch nichts, dass ich mich Verkaufsleitung nennen kann. Die Kunden stehen regelmäßig Schlange. Wenn sie dann an die Reihe kommen, pampen sie mich an, dass unsere Fernseher zu teuer sind, im Internet gebe es die zum halben Preis. Und dann bestellen die ja eh alles im Netz. Aber vorher kommen sie zu mir und fragen mich aus. Meine Filiale bringt nach wie vor die besten Umsätze der Region. Aber ich habe noch nicht mal Zeit, um zur Toilette zu gehen. Dazu das ständige Gedudel und Geblinke – ich kann einfach nicht mehr! Immer wieder habe ich meinen Chefs gesagt, ich brauche Unterstützung. Und dann geben die mir einen Lehrling – wie soll ich denn bitte noch jemanden ausbilden, wenn ich schon die Arbeit für drei mache? Vor zwei Monaten bin ich dann einfach zusammengeklappt. Ich habe das Gefühl, meine Hülle ist noch da, aber mein Innerstes ist weg.»

Seit zwei Monaten ist Tanja krankgeschrieben, sie hat eine Kur beantragt, aber ob diese bewilligt wird, ist noch unklar.

Als Nächstes meldet sich Silke zu Wort, eine Frau Anfang fünfzig mit müden Augen. Sie wirkt erschöpft. Silke arbeitet seit 20 Jahren als Krankenschwester in einer Kinderklinik: «Ich habe mit der Anmeldung zum Seminar die Reißleine gezogen. Ich bin alleinerziehend, habe eine Tochter, 12, und einen Sohn, der ist 15. Und seit ein paar Monaten hab ich wieder einen Freund.»

Silke fängt an zu weinen, es beutelt sie richtig, sie schluchzt und schluchzt, es versagt ihr die Stimme. Ihre Erschöpfung bricht sich Bahn und braucht Raum. Weinen baut Stresshormone ab. Es herrscht respektvolle Stille. Silkes Sitznachbarin reicht ihr ein Taschentuch. Wir alle müssen Silkes Weinen aushalten. Wir warten. Nach einer Weile fängt sie sich wieder und erzählt weiter.

«Mein Klinikalltag ist total stressig, ich habe immer weniger Zeit für die Kinder auf Station. Und die sind zum Teil schwerkrank. Wir haben einen riesigen Personalmangel. Mir sitzt die Angst im Nacken, bei all der Hektik einem Kind ein falsches Medikament zu geben. Und dann der Schichtdienst. Ich bin so was von erschöpft. Wenn ich mich abends hinsetze, überkommt mich eine totale Müdigkeit. So bleiern. Neulich konnte ich nicht mehr vom Sofa aufstehen. Es ging einfach nicht. Das war wirklich beängstigend. Außerdem hatte ich im letzten Jahr eine schwere Gürtelrose, mein Immunsystem ist komplett runtergefahren. Zu Hause …» Wieder kommen ihr die Tränen.

«Zu Hause ist es mit den beiden Teenagern auch nicht leicht. Ich denke, ich hab's eigentlich im Griff mit Familie und Beruf, es funktioniert alles. Aber der Große hat echt Schwierigkeiten in der Schule. Der hängt nur noch am Handy. Ich denke oft, ich bin zu wenig für meine eigenen Kinder da. Der Kindsvater glänzt durch Abwesenheit. Ich muss halt ganz viel allein machen – und meinem Freund will ich ja auch nicht dauernd nur von meinen Sorgen erzählen. Es gibt Tage, da bin ich einfach zu kaputt zum Erziehen. Vielleicht habe ich zu lange die Zähne zusammengebissen. Ich komme aus einer Sportlerfamilie. Da wurde nicht gejammert.»

Susanne, eine schlanke junge Frau mit kurzen braunen Haaren, berichtet von Sehstörungen, die wie aus dem Nichts auftauchten: «Beim Autofahren habe ich plötzlich alles verschwommen gesehen, nur ein kleiner innerer Kranz war scharf, ich habe es gerade noch geschafft, rechts ranzufahren. Das hat mir wahnsinnige Angst gemacht. Organisch ließ sich nichts finden. Ich habe Herzrasen, bin extrem nervös in letzter Zeit. Ich mache mir für alles und jedes Listen, weil ich es sonst vergesse. Mir ist alles zu viel. Außerdem liege ich nachts wach und grüble, auch über so große Fragen: Wie sollen wir den Klimawandel in den Griff bekommen? Wie kann man die Flüchtlinge bei uns in der Stadt besser integrieren?

Ich arbeite als Werkstoffprüferin, Fachrichtung Metalltechnik bei einem großen Automobilzulieferer. Ich muss sehr genau sein bei meiner Arbeit. Mein Chef schätzt meine Zuverlässigkeit. Ich arbeite Teilzeit, muss aber ständig Überstunden machen. Das stresst mich total. Dann komme ich abgehetzt und zu spät in die Kita. Unsere kleine Tochter kriegt dann meinen Stress ab. Mein Mann hat seit zwei Jahren einen Job in einer anderen Stadt – wir führen eine Wochenendbeziehung. Ehrlich gesagt leide ich ziemlich darunter. Ich schaff das alles nicht allein. Arbeitszeit reduzieren kommt aber nicht in Frage. Wir haben uns gerade ein kleines Reihenhaus gekauft. Wir brauchen das Geld. Nebenbei kümmere ich mich noch um meine ältere Nachbarin. Die ist frisch verwitwet, lebt allein, und ich merke, sie braucht einfach Ansprache. Ich hab eine Kur beantragt, aber die wurde von der Krankenkasse nicht bewilligt.»

Dagmar ist Lehrerin und Abteilungsleiterin an einer weiterführenden Schule, einer Brennpunktschule. Sie wirkt selbstbewusst, hat eine kräftige Stimme und eine offene Art. Sie lacht viel. «Ich habe auf dem zweiten Bildungsweg Abitur gemacht und mir mein Studium ziemlich erkämpfen müssen. Eigentlich arbeite ich jetzt in meinem Traumberuf. Ich liebe die pädagogische Herausforderung. Wenn ein Schüler besonders schwierig ist, dann bemühe ich mich auch ganz besonders um ihn. Trotzdem ist meine Arbeit anstrengend; wir müssen sehr viel Erziehungsarbeit in der Schule leisten, die im Elternhaus schlicht nicht stattfindet. Und Integrationsarbeit. Im vergangenen Jahr habe ich ein großes schulinternes Projekt geleitet. Ziel war es, der Schule ein neues Leitbild zu geben: Die Lehrmethoden sollten freier und stärker projektorientiert gestaltet werden. Das erforderte enorm viel Überzeugungsarbeit im Kollegium – alles neben meiner Leitungsfunktion und meinem Unterrichtspensum in der Mittelstufe. Am Ende hat unsere Schule beim Deutschen Schulpreis den zweiten Platz gemacht. Der Schulleiter war überglücklich. Und ich war total erschöpft. Es war einfach zu viel. Ich hab Pfeiffersches Drüsenfieber bekommen, das hat sich als extrem langwierig entpuppt. Seitdem habe ich einen Tinnitus, Migräne und Schlafstörungen. Und ich gerate in Panik, wenn viele Aufgaben auf einmal auf mich zukommen. Der Schulleiter hat mich ermuntert, mich auf Leitungsfunktionen an Schulen oder in der Behörde zu bewerben. Aber ich habe erst mal Stunden reduziert. Ich frage mich auch, warum ich meinem Kollegium Dinge zumute, die ich ihm eigentlich nicht zumuten will. Ich weiß, wie es gehen könnte, doch die Realitäten sehen halt ganz anders aus; allein die ständig neuen Anforderungen von der Schulbehörde – das schafft kein Mensch! Oft kreisen meine Gedanken nachts um die Probleme in der Schule, ich kann nicht abschalten. So einen harten Winter wie den letzten mit zahlreichen Krankheitsfällen im Kollegium mache ich nicht noch mal mit. Da habe ich mich gefühlt wie ein Tanzbär, der durch die Manege geführt wird. Dass ich mich für längere Zeit krankmelde, wäre für mich keine Lösung. Mir fällt es schwer, mich um mich selbst zu kümmern. Ich frage mich, wie ich gesund durch das nächste Jahr kommen soll. Eigentlich bin ich ein kommunikativer Mensch, aber im Augenblick strengt mich Kommunikation total an. Was auch ein Problem ist: Ich lebe allein, habe keine Kinder, das heißt, ich habe zu Hause kein Gegengewicht zu dem Stress in der Schule.»

Olga spricht schnell. Die kräftige Mittvierzigerin mit der akkuraten Hochsteckfrisur hatte schon zum Seminarbeginn ebenso eloquent wie höflich Konversation mit den anderen Frauen gemacht. Olga ist eine Überfliegerin. Ihre Eltern stammen aus St. Petersburg und haben ihr stets nahegelegt, alle ihre Chancen zu nutzen. Das hat sie getan und eine Bilderbuchkarriere als Naturwissenschaftlerin hingelegt: Abitur mit 1,0, Studienstiftlerin, Physikstudium in Rekordzeit, Promotion summa cum laude, zwei Jahre bei einem Forschungsprojekt in den USA, dann Rückkehr nach Deutschland, Professur, Preise, jüngstes Vorstandsmitglied der Deutschen Physikalischen Gesellschaft. Aktuell baut Olga ein international besetztes Forschungs-Cluster auf, für das sie federführend erhebliche Drittmittel aus der Industrie eingeworben hat.

«Die Schule ist mir leichtgefallen, Schulsprecherin war ich auch. Durchs Studium bin ich sehr gut durchgekommen. Ich habe immer gern viel gearbeitet und konnte mich auf meine robuste Konstitution verlassen. In der Zeit der Promotion und in den USA hatte ich jahrelang kein Wochenende, aber das war in meiner Forschungsgruppe einfach so. Wir waren da alle so drauf. Das war selbstverständlich. Mir ging es gut damit. Wenn die entscheidende Messung ansteht, geht halt keiner abends früh aus dem

Labor nach Hause. Und ich bin mit meinem sehr motivierten Team ja für die Forschungsergebnisse verantwortlich. Wir stehen im internationalen Wettbewerb. Dazu kommt der reguläre Lehrbetrieb, die Gremienarbeit an der Hochschule. Ich werde zu zahlreichen internationalen Konferenzen eingeladen, was super ist. Aber seit einem halben Jahr habe ich einen Tinnitus, damit kann ich nicht mehr so gut fliegen. Der stört auch beim Bratschenspiel. Mein Arzt hat gesagt, es bestehe Hörsturzgefahr. Außerdem leide ich unter Schlafstörungen, das Gedankenkarussell lässt mich nicht zur Ruhe kommen. Ich habe meiner wissenschaftlichen Karriere vieles untergeordnet. Als ich in dem Alter für eine Familiengründung war, hatte ich gerade keinen Partner. Mein jetziger Freund sieht Arbeit als Mittel zum Broterwerb an, nichts weiter. Mir ist dieser Gedanke eher fremd, aber er macht mich auch ein bisschen nachdenklich. Wegen meines Berufs bin ich sehr oft umgezogen.

Was mir auch Sorgen macht, ist die Gesundheit meiner Mutter. Meine Eltern waren immer fit und selbständig. Aber in letzter Zeit ist meine Mutter sehr vergesslich geworden. Ihr Kurzzeitgedächtnis ist nicht mehr gut. Sie fragt mich immer dasselbe. Eventuell geht es in Richtung Demenz. Ich muss mich da dringend mehr kümmern. Mein Bruder lebt im Ausland – der ist zu weit weg.»

Die Belastung aller hängt spürbar im Raum. Wieder einmal bin ich schwer beeindruckt von dem, was diese Frauen alles stemmen: Was für komplexe Lebenssituationen, was für Beschwernisse – und was für eine erbarmungslose Arbeitswelt. Die Geschichten der Frauen sind so typisch. Für einige ist die Arbeit der Dreh- und Angelpunkt ihres Lebens, nur weil sie viel leisten, fühlen sie sich wertvoll. Und manche stellen die Bedürfnisse anderer Menschen so komplett in den Mittelpunkt, dass sie selbst nur noch am Rande vorkommen. Ob es der höchste Anspruch an die eigene Leistung oder das sich restlose Verausgaben für andere ist – beides ist klassisch für Menschen, die kurz vor dem Burnout stehen. Das Fatale ist: Oft haben sich Burnoutgefährdete so gut im Griff, dass nicht nur ihre Umwelt nichts merkt, sondern auch sie selbst kaum spüren, wie es ihnen geht, bis sie dann doch zusammenklappen.

So auch hier: In der kurzen Kaffeepause höre ich die Frauen plaudern, fröhlich, fast so, als wenn gar nichts wäre. Dabei haben einige von ihnen eben noch geweint. Was die alles wegstecken!

Oft leiden die Menschen, die meine Seminare besuchen, unter Einsamkeit. Das wird zwar selten erwähnt, aber es ist zu spüren, und zwar unabhängig davon, ob sie in einer Partnerschaft leben oder nicht. Wenn sie dann in der Runde hören, dass sie mit ihren Problemen nicht allein sind, dass es anderen ganz ähnlich geht, ist schon enorm viel gewonnen.

Diese Gruppe stellt einen ganz typischen Querschnitt von Seminarteilnehmenden dar. Oft sind es ausgesprochen leistungsstarke Menschen, die burnoutgefährdet in meine Seminare kommen, und häufig auch solche, die sich um jeden und alles kümmern. Das ist bei den Männern ganz ähnlich wie bei den Frauen hier, auch sie sind leistungsstark und verantwortungsbewusst. Bei ihnen kommt aber oftmals noch belastend hinzu, dass sich die ehemals klaren, klassischen Männlichkeitsbilder auflösen und die Männer nicht wissen, wo es für sie hingehen soll.

Was ist ein Burnout?

Um etwas verändern zu können, muss man erst einmal genau verstehen, was eigentlich los ist. Deshalb geht es am ersten Seminartag um eine genaue Bestandsaufnahme sowie darum zu erläutern, was Stress, Erschöpfung und Burnout eigentlich sind. Zunächst muss man sich klarmachen: 80 Prozent der Deutschen fühlen sich gestresst, ein Drittel steht unter Dauerbelastung, und ein Fünftel bekommt die Folgen gesundheitlich zu spüren. Als zweithäufigste gesundheitliche Beeinträchtigung wird die chronische Erschöpfung genannt. Wenn es nicht so dramatisch wäre, könnte man fast sagen, sich erschöpft zu fühlen, gehört heutzutage beinahe zum guten Ton. Die Erschöpfung wäre demnach ein Zeichen, dass man ordentlich gearbeitet und sich engagiert hat. Diese Sichtweise verkennt allerdings, dass eine chronische Erschöpfung nicht nur persönlich und beruflich sehr belastend ist, sondern auch den Weg bereitet für weitere körperliche und seelische Erkrankungen. So auch für ein Burnout, das Gefühl, nicht nur sehr erschöpft zu sein, sondern überhaupt keine Kraft mehr zu haben. Das innere Feuer scheint auszubrennen. Ein Burnout ist ein tiefgreifender psychosomatischer Erschöpfungszustand, verbunden mit dem Verlust der Erholungsfähigkeit. Er betrifft den Menschen kognitiv und körperlich, seelisch und emotional. Ursache und zentrales Merkmal, also Kern des Burnouts, ist die emotionale Erschöpfung. Was bedeutet das?

Wer burnoutgefährdet ist, nimmt ein Überforderungsgefühl wahr, ist reizbar. Die Feinfühligkeit steigt. Es kommt zum sozialen Rückzug und zum Abbau sozialer Fähigkeiten. Es fehlen die Tankstellen. Man will buchstäblich in seiner Höhle bleiben und sich die Wunden lecken. Es ist einem alles zu viel, innerlich ruft man: Bitte nicht noch mehr! Trotzdem versucht man häufig, so lange wie möglich weiterzumachen und so zu tun, als sei alles in Ordnung. Es fällt schwer, sich einzugestehen, dass eine Grenze erreicht ist. Häufig muss der Körper erst wirklich streiken, bevor man sich krankschreiben lässt. Eine Krankschreibung ist dann auch ein verordneter sozialer Rückzug.

Menschen im Burnout sind chronisch erschöpft: Am Morgen zum Beispiel fühlen sie sich trotz ausreichend Schlaf völlig fertig, sind extrem erschöpft, obwohl gerade Wochenende war, oder sie sind nach zwei Wochen Arbeit und Alltag schon wieder komplett erledigt, selbst wenn der Urlaub erst zehn Tage her ist.

Meine Erfahrung ist: Die, die ausbrennen, die, die sich erschöpfen, sind fast immer die netten Leute, die guten, die besonders engagierten. Die mit dem Herzen dabei sind und das Bedürfnis haben, ein gutes Ergebnis zu erzielen. Die Leute, die sich beim ersten Halskratzen krankmelden, sind weniger gefährdet, ein Burnout zu bekommen. Klassischerweise sagen burnoutgefährdete Menschen oft: «Ich kriege das schon hin» oder «Eigentlich habe ich es im Griff».

Nun sollen Burnout-Gefährdete nicht weniger gut werden in dem, was sie tun. Sie verfügen in den allermeisten Fällen über außerordentliche Fähigkeiten. Es geht darum, dass sie lernen, diese Fähigkeiten auch für sich selbst einzusetzen, nicht nur für andere. Wenn sie einen Leistungsabfall erleben, empfinden sie ihn als richtig schlimm, auch wenn die Leistung lediglich von 120 auf 110 Prozent fällt und oft nur sie selbst das überhaupt bemerken. Den anderen fällt das meist gar nicht auf.

«Wenn wir zaubern könnten, dann ...»

Im Seminar frage ich die Frauen im nächsten Schritt nach ihrem Zauberwunsch: «Wenn wir zaubern könnten, was sollte am Ende der fünf Tage anders sein als am Anfang?»

Aus Birte, der Sonderpädagogin und Teamleiterin mit den drei kleinen Kindern, platzt es sofort heraus: «Mein Zauberwunsch ist mehr Gelassenheit. Dass ich mir nicht immer so einen Wahnsinns-Kopf mache, nicht alles im Voraus im Detail planen muss. Und ich wünsche mir, dass ich etwas für mich tun kann. Nur für mich.» Ihre Stimme zittert ein bisschen, als sie das sagt.

Tanja, die Verkäuferin im Elektronikhandel, nennt einen Zauberwunsch, der sich eher nach außen richtet: «Ich wünsche mir, dass meine Chefs endlich verstehen, dass ich so nicht weitermachen kann auf der Arbeit. Sie sollen sehen, dass es im Laden einfach viel zu viel ist für eine Person. Und ich wünsche mir, dass die Kunden freundlicher und weniger hektisch sind.»

Silke, die alleinerziehende Mutter, wünscht sich, einfach mal wieder glücklich zu sein. Sie sagt unter Tränen: «Ich lache eigentlich total gerne! Meine Tochter sagt immer: ‹Es ist so schön, wenn du lachst, Mama.› – Ich will einfach mal wieder richtig glücklich sein!»

Susanne, die Werkstoffprüferin in der Fernbeziehung, formuliert ihren Zauberwunsch so: «Ich möchte vor allem einfach mal ‹Nö› sagen können, wenn jemand etwas von mir will. Ich möchte Dinge ablehnen können, ohne dabei ein schlechtes Gewissen zu haben.»

Die Lehrerin Dagmar wird sehr konkret: «Mein Zauberwunsch lautet: Ich möchte aus der schwierigen beruflichen Situation heraus eine Ressource, eine seelische Kraftquelle haben, mithilfe derer ich das Richtige tun kann.»

Olga, die Überfliegerin, zögert erst ein bisschen, bevor sie sagt: «Mein Zauberwunsch lautet: Einerseits früher auf den eigenen Körper hören können, andererseits auch ankommen und verwurzeln.»

Alle Frauen schreiben ihren Zauberwunsch mit einem

dicken Filzstift auf eine farbige Karte und heften diese oben an ihre persönliche Pinnwand. So ist der Zauberwunsch in den kommenden Tagen immer sichtbar und weist in eine mögliche Zukunft.

Auch zu Beginn der Lektüre dieses Buches kann es wohltuend und sinnvoll sein, einen solchen Zauberwunsch für sich selbst auszusprechen und aufzuschreiben. Oft macht nämlich erst das genaue Ausformulieren des Wunsches klar, woran es einem schon länger mangelt. Am besten hängt man den Zauberwunsch irgendwo sichtbar auf – der Kühlschrank kann ein guter Ort dafür sein. So wird man immer wieder daran erinnert, was man sich wünscht. Oder man besorgt sich – analog zu den Teilnehmerinnen im Seminar – einen schönen, vielleicht farbigen Karton im Format DIN A2, an den man den Zauberwunsch und alle noch folgenden Ergebnisse und Erkenntnisse dieser Reise anpinnen kann.

Die Salutogenese

Ziel der Reise ist es ja, sich wieder gesünder und kraftvoller fühlen zu können. Dafür ist es hilfreich, den Blick nicht auf das zu richten, was uns krank macht oder krank machen könnte – das, was in der Medizin Pathogenese heißt –, sondern vielmehr in den Fokus zu nehmen, was uns guttut, was uns gesund hält. Doch was ist Gesundheit überhaupt? Eine Antwort darauf hat der amerikanischisraelische Medizinsoziologe Aaron Antonovsky gefunden und seine Thesen zur Entstehung von Gesundheit «Salutogenese» genannt. Antonovsky entdeckte Ende der siebziger Jahre in seiner Forschung: Wer die Welt versteht, sie sich erklären kann, wer in ihr handeln kann und wenn alles Sinn ergibt, dann bewegt er oder sie sich auf einer Achse zwischen krank und gesund stärker in Richtung Gesundheit. Kein Mensch ist ganz krank, dann wäre er tot. Und niemand ist ganz gesund, irgendein Zipperlein hat man immer. Das gilt unabhängig von Handicaps, wie Diabetes oder Rheuma, die manche Menschen vielleicht von Geburt an haben. Damit müssen sie leben. Doch das Gefühl, gesund oder krank zu sein, hängt davon nicht wesentlich ab.

Abgeleitet von Antonovskys Begriff der Salutogenese lassen sich drei generelle Stressauslöser definieren:

a) Mangelnde Verstehbarkeit – Geringe Vorhersehbarkeit

Wer sich in einer Situation befindet, die er oder sie nicht gut versteht, gerät in Stress. Und wer sich in einer Situation befindet, die er oder sie sich nicht erklären kann, kann auch nicht gut vorhersehen, was als Nächstes passiert.

Wenn ich mein Seminar zum Beispiel zeitlich sehr lang überzöge und die Teilnehmerinnen nicht wüssten, wie lange es noch geht und ob sie zwischendurch noch etwas zu essen bekämen, dann gerieten sie in Stress. Der Mensch muss ungefähr vorhersehen können, was als Nächstes passiert. Und das geht nur, wenn man die Situation, in der man sich befindet, verstanden hat. Verhalten sich Menschen unberechenbar – heute so, morgen so –, geraten ihre Mitmenschen in Stress. Wer in einer Familie groß wird, in der die Eltern unberechenbar sind, vielleicht weil sie psychisch krank oder alkoholkrank sind, hat als Kind bereits einen Grundstress, weil nie klar ist: Was erwartet mich, wenn ich aus der Schule komme? Aber auch wer als Erwachsener mit einem labilen Menschen zusammenlebt, kennt diese belastenden Erfahrungen.

Wer kleine Kinder hat, kennt das Problem der mangelnden Verstehbarkeit und der geringen Vorhersehbarkeit ebenso: Heute lässt sich das Kind die warme Winterjacke anziehen, aber es ist nicht klar, ob das morgen auch der Fall sein wird. Es ist nicht vorhersehbar. Am nächsten Tag kann es ein Riesenspektakel um diese Jacke geben, weil das Kind sie plötzlich völlig inakzeptabel findet. Wenn Verstehbarkeit und damit Vorhersehbarkeit nicht gegeben sind, entsteht Stress. Das kann das Verhalten von Kolleginnen, Kunden, Vorgesetzten oder Kindern betreffen, aber zum Beispiel auch die Einführung eines neuen Computerprogramms sein: Eigentlich sollte es funktionieren, aber man kapiert einfach nicht, wie – das bedeutet Stress.

Es geht einem also gesundheitlich besser, wenn man in Situationen ist, die man gut verstehen und vorhersehen kann.

b) Mangelnde Handhabbarkeit – Geringe Ressourcen

Stress verursachen auch Situationen, in denen man handeln müsste, aber nicht handeln kann, weil man keine

Ressourcen zur Verfügung hat, um den Anforderungen begegnen zu können. Ressourcen können eigene Fähigkeiten sein, aber auch Hilfssysteme, auf die man im Bedarfsfall zugreifen kann. Zeit ist zum Beispiel eine Ressource, die es ermöglicht, eine bestimmte Aufgabe angemessen erledigen zu können. Fehlen Ressourcen, hat man das Gefühl, die Hände seien einem gebunden. Wer überdies lange in Situationen war, in denen er oder sie hätte handeln müssen, aber nicht handeln konnte, hört auf zu handeln, selbst wenn es möglich wird. Die Motivation versiegt. Das kann auch dadurch geschehen, dass man negative Erfahrungen gemacht hat, kleingehalten wurde und möglicherweise nie gelernt hat, Konflikte konstruktiv auszutragen. Der amerikanische Psychologe Martin E. P. Seligman hat dafür Ende der 1960er Jahre den Begriff der erlernten Hilflosigkeit geprägt. Laut Seligman ist erlernte Hilflosigkeit auch ein Erklärungsmodell für Depressionen. Depressionen haben verschiedene Ursachen, erlernte Hilflosigkeit kann eine davon sein. Das hat nichts mit fehlender Bildung oder mit mangelnder Einsicht zu tun. Man kann ein solches Verhalten bisweilen bei Arbeitslosen beobachten: Nach einigen Monaten, auch wenn sie sich anfangs noch so engagiert beworben haben, hören sie auf, aktiv nach einer Arbeit zu suchen. Sie haben «gelernt», dass es ohnehin nichts bringt, dass sie nicht gut genug sind, dass keiner sie will – und versuchen es schließlich gar nicht erst mehr.

Das Gefühl der mangelnden Handhabbarkeit tritt auch ein, wenn eine Person den Eindruck hat, lediglich zu reagieren, nicht mehr Bestimmerin des eigenen Lebens zu sein, dauernd hinterherzuhetzen. Birte hat erzählt, ihr Leben bestehe am Tag nur noch aus Terminen, am Abend gehe sie zur selben Zeit ins Bett wie die Kinder, und am nächsten Tag gehe es wieder von vorn los. Birte bestimmt gar nicht mehr selbst, sondern reagiert nur noch auf das, was kommt, und versucht, es irgendwie zu bewältigen und den Kopf über Wasser zu halten. Das ist mangelnde Handhabbarkeit. Andere bestimmen. Das Bild, das in diesem Zusammenhang oft gebraucht wird, ist das des Hamsterrads. Ich halte dieses Bild für zu schwach. Denn der Hamster ist ein Bewegungstier, er geht freiwillig ins Hamsterrad, läuft so lange, wie es ihm guttut, und krabbelt dann wieder raus. Ihn hält das fit. Das Gefühl der mangelnden Handhabbarkeit entsteht aber dadurch, dass ich meine, die unerträgliche Situation nicht verlassen zu können. Deswegen passt hier eher das Bild eines eingeschalteten Laufbandes, das sich nicht wieder abstellen lässt und das zudem immer schneller wird. Die Sorge, sich, und möglicherweise auch andere, beim Abspringen zu verletzen, lässt einen weiterlaufen, auch wenn man schon lange nicht mehr kann.

Susanne hat erzählt, dass sie sich finanziell verpflichtet und ein Haus gekauft hat. Und natürlich kann sie da jetzt nicht einfach aussteigen, nicht einfach sagen: «Ich habe mir das anders vorgestellt, ich gehe mal.» Oder Dagmar: Sie hat eine Arbeit, die sie eigentlich liebt. Die wollte sie immer tun. Dafür hat sie sich qualifiziert, sich angestrengt. Das ist ihr Traumberuf. Aber die Arbeitsbedingungen in diesem Traumberuf sind alles andere als ideal. So möchte sie nicht weitermachen. Sie möchte aber auch nicht auf die Stelle verzichten, denn sie weiß, dass sie dort gebraucht wird, ihre Arbeit sehr gut macht. Deshalb fühlt sie sich wie gefangen.

c) Mangelnde Sinnhaftigkeit – Geringe Zugehörigkeit, geringe Bedeutsamkeit

Wir Menschen streben nach Sinn und Bedeutsamkeit. Diese Dimension beschreibt Antonovsky als das «Ausmaß, in dem man das Leben als emotional sinnvoll empfindet: dass wenigstens einige der vom Leben gestellten Probleme und Anforderungen es wert sind, dass man Energie in sie investiert, dass man sich für sie einsetzt und sich ihnen verpflichtet, dass sie eher willkommene Herausforderungen sind als Lasten, die man gerne los wäre.» (Übersetzung durch Franke 1997, S. 36) Als soziale Wesen brauchen wir die Bedeutung für andere, die Zugehörigkeit zu einer Gruppe. Wir geraten in Stress, wenn diese Zugehörigkeit in Frage gestellt wird. Wenn unsere Vorfahren aus der Gruppe ausgeschlossen wurden, war ihr Leben im Prinzip verwirkt. Kaum jemand hat es geschafft, allein zu überleben. Deswegen sagen wir auch heute nicht so leicht nein. Susannes Wunsch, ohne schlechtes Gewissen nein sagen zu können, ist sehr verständlich. Aber wir scheuen uns, das zu tun, weil wir Angst haben, die Zugehörigkeit zu verlieren. Das muss nicht unbedingt gleich die Angst um den Arbeitsplatz sein. Wir alle möchten ganz generell zu einer Gemeinschaft, zu einer Gruppe, dazugehören.

Jeder möchte von den anderen gemocht werden, möchte in der Gruppe seinen Platz, seine Bedeutung haben: Das ist für uns als Menschen existenziell wichtig. Niemand will an den Rand gedrängt werden. Dazu gibt es interessante Untersuchungen. In einer zum Beispiel wurden Menschen 25 Jahre lang begleitet. Man wollte wissen, wie oft diese Menschen krank wurden, wie schnell wieder gesund, wie hoch ihre Lebenserwartung war. Das Ergebnis war eindeutig: Wer sich zugehörig fühlte, völlig egal wo, in der Familie, bei der Arbeit oder im Verein, war weniger krank, schneller wieder gesund und hatte eine höhere Lebenserwartung. Als Menschen brauchen wir Bedeutung, Zugehörigkeit, Sinnhaftigkeit.

Antonovsky hat diese drei Faktoren – Verstehbarkeit, Handhabbarkeit und Sinnhaftigkeit – zusammengefasst unter dem Begriff des Kohärenzgefühls, des Gefühls innerer Übereinstimmung. Im Original heißt das Sense of Coherence (SOC). Wenn das Kohärenzgefühl stark ist, dann bewegt man sich auf der Achse zwischen krank und gesund stärker in Richtung Gesundheit, so Antonovsky. Als Ergänzung zur Resilienz – einer eher angeborenen oder früh erworbenen Widerstandsfähigkeit – kann ich für ein gutes Kohärenzgefühl allerdings jederzeit selbst Sorge tragen. Ich selbst kann etwas dafür tun, dass ich mich in möglichst vielen Situationen befinde, die ich verstehe. Wenn das im Beruflichen gerade nicht geht, dann im Privaten oder umgekehrt. Wenn ich dafür sorge, dass möglichst vieles in meinem Leben handhabbar ist und mein

Leben Sinn ergibt; wenn ich mich mit meinen speziellen Begabungen in eine Gemeinschaft einbringen und mich damit zugehörig und in gewisser Weise auch bedeutsam fühlen kann, dann geht es mir besser: Dann habe ich ein gutes Kohärenzgefühl. Und das kann man in einem gewissen Maß steuern.

Laut Antonovsky ist der wichtigste dieser drei Faktoren die Sinnhaftigkeit. Man kann relativ lange etwas ertragen, solange es Sinn ergibt, selbst wenn man es nicht gut versteht und es nicht gut handhaben kann. Eltern etwa verstehen ihre pubertierenden Kinder häufig nicht, und sie können sie auch nicht handhaben, aber Kinder großzuziehen erfüllt Menschen in der Regel mit Sinn, also ertragen Eltern ihre herausfordernden Sprösslinge. Solange wir unser Leben grundsätzlich als sinnvoll empfinden, können wir also alles andere ertragen. Geht der Sinn verloren, wird es schwierig.

Die Salutogenese ist auch in diesem Seminar die Grundlage: Heute, am ersten Tag, geht es um Verstehbarkeit. Es gibt eine erste Bestandsaufnahme, mit der Vorstellungsrunde, einer Körperwahrnehmung, einer Tageslaufanalyse. Auch der zweite Tag nimmt die Verstehbarkeit in den Fokus. Der Morgen des dritten Tages ist ebenfalls noch der Verstehbarkeit gewidmet. Immer wieder aus einem anderen Blickwinkel werden wir versuchen, unsere Situation zu verstehen. Dann geht es in die Handhabbarkeit über. Die Frage wird sein: Kann ich etwas ändern? An welcher Stelle kann ich einen Hebel ansetzen? Wo könnte ich etwas tun? Am Nachmittag des dritten Tages wird es stark um die Ressourcen gehen. Am vierten Tag steht das Thema Sinnhaftigkeit im Zentrum. Und der fünfte Tag wird noch einmal der Handhabbarkeit gewidmet sein. Die Frage wird lauten: Wie lassen sich die neu gewonnenen Erkenntnisse in den Alltag transferieren? Und wie lassen sie sich dort halten? Das Ziel ist, hinterher zu wissen: Das werde ich tun. Und wenn es Wind von vorne oder Stolpersteine gibt, dann weiß ich, woran ich mich festhalten kann.

Den einzelnen Seminartagen entsprechen hier im Buch die Kapitel. Alles, was wir im Seminar erfahren und was wir uns erarbeiten, kann anhand der Lektüre der jeweiligen Kapitel ebenso erfahren und – auch mithilfe der Übungen – nachvollzogen und erarbeitet werden.

Entspannungsübung: Körperwahrnehmung

Diese Übung lässt sich gut allein zu Hause durchführen: Man kann sich den Text ein paarmal durchlesen und dann in Gedanken durch den Körper wandern – oder man spricht sich den Text auf Band. Es geht darum, die einzelnen Körperteile ganz bewusst zu spüren.

Mach es dir an einem ruhigen Ort bequem. Lege oder setze dich auf eine Matte oder eine dicke Decke oder wo immer es dir gut geht; es kann auch ein Stuhl oder Sessel sein. Wenn es möglich ist, ziehe deine Schuhe aus und lockere den Gürtel. Wo und wie auch immer: Lass es dir

richtig gut gehen ... Wenn du magst, schließe die Augen ... Komm zu dir selbst und spüre, wie du daliegst, wie du dasitzt ... Nimm wahr, wie deine Unterlage, der Boden und durch alles hindurch die Erde dich trägt ... Genieße, wie du mit jedem Ausatmen mehr und mehr zur Ruhe kommst.

Den eigenen Körper liebevoll wahrnehmen

Nimm dir nun eine kleine Weile nur für dich selbst, während du in Gedanken liebevoll über deinen Körper streichst und nachspürst, wie es dir dort geht.

Wenn du magst, beginne mit deinem Gesicht. Wie fühlt sich dein Gesicht an: die Wangen ..., der Kiefer ..., die Lippen ..., die Nase ..., die Augen ..., die Augenbrauen ..., die Schläfen ..., die Stirn ..., die Kopfhaut ..., der Nacken ..., der Hals? Wie fühlt sich dein Kopf insgesamt an?

Streiche weiter über deine Schultern, deine Oberarme, die Ellenbogen, die Unterarme und deine Hände. Wie fühlen sich deine Arme insgesamt an?

Streiche nun in Gedanken von den Händen an den Armen entlang wieder hinauf bis zu den Schultern und dann weiter den Rücken hinunter. Zunächst über die Brustwirbelsäule, spüre dort die Rippen und die Schulterblätter. Dann streiche weiter über die starke Lendenwirbelsäule und komme nun zu deinem Rückenbecken, spüre das Kreuzbein und streiche weiter bis zum Steißbein. Wie fühlt sich dein Rücken insgesamt an?

Streiche über deinen Po und weiter über deine hinteren Oberschenkel, die Kniekehlen, die Waden bis hin zu den

Füßen und von dort wieder hinauf über die Schienbeine, die Knie und die vorderen Oberschenkel bis hin zu deinen Leisten. Wie fühlen sich deine Beine insgesamt an?

Streiche weiter über deinen Bauch. Versuche, deinen Bauchraum ganz zu erfassen: die Bauchdecke, die Seiten, noch einmal den Rücken, den haltgebenden Beckenboden, das Zwerchfell. Wie fühlt sich dein Bauch insgesamt an?

Und nun streiche noch liebevoll über deinen Brustkorb; spüre deine Rippen, deinen Atem.

Wie fühlt sich dein Körper insgesamt an? Nimm dir Zeit, dich selbst zu spüren ...

Lass nun das Erlebte noch eine Weile in dir nachklingen ... Spüre, wie du daliegst oder dasitzt, und wenn du magst, lausche noch eine Weile in den Raum hinein ... Wenn du dich wieder ganz angekommen fühlst, atme einige Male sehr tief, dehne und rekele dich und komm ganz komfortabel, vielleicht über eine Seite gerollt, wieder zum Sitzen. Halte das wohlige Körpergefühl, während du deine Augen öffnest und deine Aufmerksamkeit langsam wieder deiner Umgebung zuwendest.

Wieso Körperwahrnehmung entspannt

Immer wenn wir etwas bereuen oder befürchten, reagiert unser Körper mit Stress. Das liegt daran, dass sich das eine Gefühl auf die Vergangenheit richtet und das andere auf die Zukunft. Und in beiden Zeitebenen können wir nicht handeln. Das geht nur im Jetzt, in der Gegenwart.

Natürlich können wir bezogen auf die Vergangenheit manchmal etwas zurechtrücken und uns zum Beispiel entschuldigen. Das kann entlasten. Dennoch sind wir mit unserer Wirksamkeit abhängig vom Wohlwollen der anderen.

Genauso ist es mit der Zukunft: Auch hier können wir nicht handeln, wir können uns lediglich vorbereiten. Und auch hier hängt unsere Wirksamkeit von vielen, derzeit von uns noch nicht beeinflussbaren Faktoren ab. Wenn wir etwas bereuen oder befürchten, zeigt unser Körper also eine Stressreaktion (in unterschiedlichem Ausmaß), weil wir nicht handeln können, es aber wollen oder müssen. Egal, ob die Handlung von anderen erwartet wird oder wir sie von uns selbst erwarten.

Um in einer Situation, in der wir nicht handeln können, in der uns sozusagen die Hände gebunden sind, die Stressreaktion zu dämpfen, hilft es, in die Gegenwart zu kommen und die Aufmerksamkeit auf das zu richten, was jetzt ist.

Wir können uns umschauen, die Umgebung wahrnehmen, das Licht, die Gerüche, den Klang der Welt, die Berührungen auf unserer Haut, den Geschmack auf den Lippen. Ebenso die Lebewesen um uns herum, ihre Gestalt, ihren Ausdruck, ihre Beziehung zu uns in diesem Moment. Wenn wir einfach nur offen wahrnehmen, was ist, sind wir ganz in der Gegenwart und damit Teil der Welt. Mit unserem Körper spüren wir das, was ist. Nicht nur im Außen, sondern auch im Innen. Wenn wir in unseren Körper hineinspüren, bekommen wir eine Ahnung von unserem Verhältnis zur Welt: Wo sind wir freudig und offen, wo sind wir gleichgültig, wo sind wir belastet, abwehrend und verspannt?

Wichtig ist, dass wir dabei unseren Körper ohne Bewertung und den damit vielleicht verbundenen Wunsch nach Veränderung wahrnehmen. Viel zu häufig richtet sich im Alltag unsere kritische Aufmerksamkeit auf den eigenen Körper: Wir können ganz schnell sagen, was uns an ihm missfällt, und gehen hart mit ihm ins Gericht. Die unmittelbare, entspannende Körperwahrnehmung ist dagegen ganz einfach: So bin ich jetzt, so ist es jetzt.

Eine aufmerksame und liebevolle Wahrnehmung dessen, was ist, angefangen mit dem eigenen Körper, holt uns in die Gegenwart, löst und entspannt – ganz von allein.

«Ich kriege die To-do-Liste nicht aus dem Kopf!»

Auch mit den Frauen im Seminar mache ich zur Entspannung diese Körperwahrnehmungsübung. Nach der gut 20-minütigen Reise durch den Körper sitzen die Frauen auf ihren Matten, blinzeln ins Licht, und ich lasse ihnen etwas Zeit, um wieder in der Seminarsituation anzukommen. Unsere kleine Ruhepause haben sie sehr unterschiedlich erlebt.

Dagmar, die Lehrerin, sagt: «Ich konnte mich deiner Stimme gut anvertrauen. Ich hab mich an einen Yoga-Kurs erinnert, den ich vor vielen Jahren mal gemacht habe. Ich hab deine Stimme irgendwann wie aus der Ferne gehört. Vielleicht bin ich auch kurz weggedämmert. Ich weiß es gar nicht so genau.»

Silke, der alleinerziehenden Krankenschwester, ging es ganz anders: «Mir ist es extrem schwergefallen, mich zu entspannen. Ich konnte nicht gut abschalten und deiner Stimme eigentlich gar nicht folgen. Da war eine Fliege im Raum, die herumgesummt ist. Die hat meine ganze Aufmerksamkeit beansprucht. Ich dachte immer, wann fliegt die endlich raus?»

Olga, die Physikerin, ist während der Entspannungsübung ziemlich schnell eingeschlafen, was ihre Nachbarin Susanne an ihrem langsamen ruhigen Atmen gemerkt hat. Olga kann das kaum glauben: «Wirklich? Ich hatte das Gefühl, nur ganz kurz weg gewesen zu sein. Habe ich wirklich geschlafen?» Ich spüre, das ist ihr ein bisschen unangenehm, ihr, die sonst so kontrolliert wirkt.

Tanja hatte Schmerzen beim Liegen, und ich empfehle ihr, sich beim nächsten Mal ein Kissen unter die Beine zu legen oder sich lieber hinzusetzen.

Birte sagt: «Ich habe die ganze Zeit gedacht, jetzt muss ich mich doch endlich entspannen. Das hat aber überhaupt nicht geklappt. Ich habe mich während der Übung total geärgert, weil ich dachte, das ist doch jetzt meine Chance. Aber dann war ich gar nicht bei meinem Körper, sondern in Gedanken schon wieder bei meiner To-do-

Liste und den Kindern und ob das heute mit der Betreuung alles klappt wie geplant.»

Eine solche Körperreise kann beim ersten Mal schwerfallen oder ungewohnt erscheinen. Es mag einem merkwürdig vorkommen, so genau in sich hineinzufühlen. Aber wenn man es öfter macht, wird es von Mal zu Mal leichter und köstlicher.

Zum Selbermachen: Das Körperbild

Zeichne ein einfaches Bild von deinem Körper, wirklich ganz simpel, nur den Umriss auf ein Blatt Papier – auch eine schematische Zeichnung erfüllt hier ihren Zweck. Nun markiere deine körperlichen Beschwerden, aber auch deine positiven Befindlichkeiten, farblich auf dem Körperumriss. Was fühlt sich nicht gut an? Wo tut es weh? An welchen Stellen des Körpers ist es eigentlich ganz in Ordnung? Du kannst verschiedene Farben für verschiedene Befindlichkeiten verwenden. Schau es dir an. So ist es im Moment.

«Wie fühlt sich mein Körper an?»

Im Seminar hängt jede Frau ihren Körperumriss an ihre persönliche Pinnwand und erläutert vor der Gruppe ihre Symptome. Und obwohl wir bereits in der Vorstellungsrunde gehört haben, unter welchen zum Teil gravierenden körperlichen Beeinträchtigungen die Frauen leiden, ist es sehr eindrücklich, die schmerzenden oder labilen Körperteile aufgemalt vor sich zu sehen und parallel zu hören, wie die Frauen ihre Beschwerden erläutern. Mehrfach genannt werden in dieser Gruppe Verspannungen in den Schultern, Rückenschmerzen, Kopfschmerzen, nächtliches Zähneknirschen, Verdauungsprobleme, Hautausschlag, Heißhunger auf Süßes und Fettiges, Bluthochdruck, schwitzige Hände und Beklemmungen im Brustraum.

Olga klagt: «Der Tinnitus, also dieses permanente Ohrgeräusch, ist einfach fies, weil er immer da ist. Mal ist er etwas lauter, mal leiser, aber eben nie ganz weg. Und dann das nächtliche Wachliegen. Das beeinflusst meine Leistungsfähigkeit. Ich dämmere in Konferenzen weg, kann mich viel schlechter konzentrieren als früher.»

Susanne sagt: «Die plötzliche Sehstörung beim Autofahren hat mir den Boden unter den Füßen weggezogen. Ich habe mich gefragt: Was um alles in der Welt ist das? Was ist bloß mit mir los?»

Tanja meldet sich ebenfalls zu Wort: «Neben diesem Gefühl, als wäre ich innerlich gar nicht mehr da, habe ich immer wieder handfeste Verdauungsprobleme, das ist ziemlich unangenehm.»

Dagmar ergänzt: «Ich habe zusätzlich noch einen total verspannten Kiefer. Knirschschienen halten bei mir keine drei Wochen. Dann sind die durchgebissen.»

Und Silke seufzt: «Das Schlimmste finde ich, trotz allem weiter funktionieren zu müssen. Ob ich gerade todmüde bin oder Kopfschmerzen habe, interessiert keinen. Ich muss ja weitermachen.»

«Funktionieren» ist ein Wort, das Silke schon in der Anfangsrunde oft gebraucht hat. Das gilt für viele von uns: Trotz allem wollen wir lieber nicht so genau spüren, was Sache ist, lieber wollen wir einfach weiter funktionieren. Das Körperbild ist deshalb so hilfreich, weil es plastisch zeigt, was eben gerade nicht mehr funktioniert, wo die Schmerzen sind, welche konkreten körperlichen Auswirkungen die emotionale Erschöpfung hat. Burnout-Gefährdung ist eben kein Pappenstiel.

Warum Stress auf den Körper geht

Was ist Stress eigentlich? An den Zeichnungen der Frauen lässt sich sehr gut erkennen, wie Stress auf den Körper schlägt. Viele Erkrankungen sind stressbedingt oder werden, wie entzündliche Darmerkrankungen, durch Stress verstärkt. Die Krankenkassen legen zahlreiche Anti-Stress-Programme auf, und es gibt unzählige Bücher zum

Thema Stressvermeidung. Und doch sind immer mehr Menschen gestresst. Das liegt daran, dass Stress sich erst einmal toll anfühlt, also etwas ist, das man gern hat – man hat zunächst gar keine Veranlassung, Stress zu vermeiden. Früher nannte man den positiven Stress, durch den man zu Höchstleistungen kommen kann, weil man wirksam ist und ihn durch Handlung abbaut, Eustress. Den lang anhaltenden Stress hingegen, der nicht adäquat abgebaut werden kann und dann krank macht, nannte man Distress. Ich verwende diese Unterscheidung nicht, denn das Stressgeschehen im Körper ist immer gleich – eben einfach Stress. Stressreaktionen folgen einem uralten, genetisch festgelegten Programm. Unsere Vorfahren mussten Widrigkeiten wie Hunger, Kälte oder angreifenden wilden Tieren trotzen, um zu überleben, sich fortzupflanzen und ihren Nachwuchs durchzubringen. Und wir Nachfahren tragen noch immer dieses genetische Programm in uns. In den letzten Jahrhunderten haben sich die Lebensumstände des Menschen zwar extrem gewandelt, doch dieses Programm ist gleich geblieben und wirkt nach wie vor. In unserem modernen Alltag führt das zu Konflikten.

Stellen wir uns vor: Einige unserer Vorfahren sitzen hungrig vor einem Gebüsch in der Savanne, in der Hoffnung, dort Beute zu machen. Doch aus dem Gebüsch springt keine Beute, sondern ein Säbelzahntiger. Was muss in diesem Augenblick geschehen? Erstens müssen unsere Vorfahren das Raubtier sofort wahrnehmen, sonst werden sie gleich gefressen. Zweitens müssen sie das Ereignis richtig bewerten, nämlich: Achtung, Säbelzahntiger, gefährlich! Und drittens muss eine angemessene Reaktion auf das Ereignis erfolgen – und zwar reflexhaft. Wer zögert, wer nicht in Sekundenbruchteilen reagiert, fällt dem Raubtier zum Opfer.

Deswegen verfügen wir über einen Reflex, der unmittelbar auf ein Ereignis reagiert, das wir als Bedrohung bewerten. Unsere Vorfahren mussten in diesem Augenblick sofort hellwach sein, bereit für Kampf oder Flucht. Deshalb bewirkt dieser Reflex, dass die äußere Muskulatur angespannt wird. Alles ist bereitgestellt für die lebensrettende Reaktion: Brüllen, dem Säbelzahntiger eins überziehen, einen Stein schmeißen und wegrennen. Gleichzeitig stoppt die Verdauung, denn die braucht man nicht bei Kampf oder Flucht. Der Herzschlag erhöht sich. Wir fangen an zu schwitzen und produzieren Verdunstungskälte, sodass wir längere Strecken laufen können. Der Blutdruck steigt. Wir bekommen einen Tunnelblick, das heißt, wir nehmen nur noch das Wesentliche wahr. Für unsere Vorfahren hieß das: Wo ist der nächste Stein, der nächste Knüppel, der nächste Baum? Nur so, mit dieser Reaktion, haben sie es geschafft, schnell auf den Baum zu klettern, um sich dort zitternd in Sicherheit zu bringen.

Heutzutage werden wir nicht mehr von wilden Tieren angegriffen. Doch wenn wir uns auf irgendeine Weise bedroht fühlen, zeigen wir immer noch die gleiche körperliche Reaktion. Allerdings dürfen wir ihr nicht mehr freien Lauf lassen.

Wer zum Beispiel beruflich viel Bahn fährt, kennt das: Der ICE steht auf freier Strecke, und niemand weiß, wie lange. Ein wichtiger Termin droht zu platzen. Sofort zeigt sich eine klassische Stressreaktion: Der Körper stellt sich auf Kampf oder Flucht ein. Man hat das Gefühl, am liebsten gleich losrennen zu wollen, raus aus dem Zug, die Gleise entlang – wenn das nicht etwas kompliziert wäre. Also wählt man den Angriff und zieht dem Schaffner, der gerade vorbeikommt, gedanklich eins über. Oder brüllt ihn wenigstens erst mal an: «Verdammt, ich habe meine Fahrkarte bezahlt. Aber ihr seid wieder nicht pünktlich!» Man ist kurz davor, ihn körperlich anzugehen. Doch jetzt setzt der Gegenimpuls ein, der auf Zivilisation und Erziehung beruht. Und dieser Gegenimpuls ist zum Glück größer als der, den Schaffner zu schlagen. Es gibt also zwei Impulse in der Muskulatur: schlagen und nicht schlagen. Wer häufig solch widersprüchlichen Impulsen ausgesetzt ist, der ist völlig verspannt. Übertragen auf die Arbeitssituation im Büro etwa heißt das: Wer ständig einen Impuls zurückhalten muss – treten und nicht treten, wegrennen und nicht wegrennen –, der bekommt Rückenschmerzen. Denn die Rückenmuskulatur ist beteiligt am Rennen und Kämpfen. Die einzelnen Wirbel und die Bandscheiben werden enorm belastet. Da kann der Bürostuhl noch so ergonomisch sein, die meisten Rückenerkrankungen sind stressbedingt und entstehen durch das ständige Blockieren und Festhalten eines Impulses, der früher einmal lebensrettend war.

Heute ist es gefährlich, wenn wir diesen Impuls ausleben. Es ist gut, dass wir ihn zurückhalten, eine Impulskontrolle haben. Doch die Rückenmuskeln sind Kettenmuskeln: Wenn die Schulterpartie angespannt ist, kann die Spannung bis an die Schädelbasis ziehen und auf die Zähne gehen, die man zusammenbeißt. Wir brüllen niemanden an. Wir halten alles im Kiefer fest. Die Verspannung kann auch in Richtung Augen ziehen, dann bekommen wir Kopfschmerzen. Zusätzlich stoppt die Verdauung bei jedem Stress und springt wieder an, sobald der Stress vorbei ist. Auch wenn es nicht gleich eine Colitis ulcerosa ist, so kann ein Reizdarmsyndrom allein dadurch entstehen, dass die Verdauung in einem fort anspringt und wieder ins Stocken gerät.

Unter Stress ist das Gehirn extrem wach. Wir sind besonders aufmerksam. Das Gehirn ist der größte Energiefresser überhaupt, ein regelrechter Raubritter. Ein Mensch mag körperlich schon stark abgemagert sein, die Organe können bereits an Gewicht verloren haben – das Gehirn hat noch fast sein Ursprungsgewicht. Das heißt, immer wenn man in Stress gerät, verlangt das Gehirn sofort und hemmungslos nach Nahrung. Der Körper sagt: Achtung, hier droht Gefahr, eine Notzeit; ich sorge schon mal vor und lege ein paar Vorräte an. Deshalb bei vielen das fast reflexhafte Essen von Fettigem und Zuckerhaltigem in Stresssituationen.

Hormonelle Steuerung

Was bei Stress im Körper passiert, wird hormonell gesteuert. Im Beispiel mit dem Säbelzahntiger interpretiert unser Vorfahr: Achtung, Gefahr. Im Moment der Gefahreninterpretation werden als Erstes aus der Nebenniere die Hormone Adrenalin und Noradrenalin ausgeschüttet. Diese Hormone machen wach, entscheidungsfreudig und leistungsfähig. Wenn das Adrenalin einschießt, diskutiert man nicht lang, da entscheidet man sofort, das geht ganz schnell. Im Körper gibt es Rezeptoren, die das Adrenalin aufnehmen, manche Menschen haben davon mehr als andere. Das heißt, das ausgeschüttete Adrenalin löst bei manchen stärkere Reaktionen aus als bei anderen. Adrenalin und Noradrenalin fluten den Körper, werden aufgenommen und bewirken unter anderem, dass sich der Herzschlag erhöht und der Blutdruck steigt. Atmung und Puls werden schneller, das Gehirn und die Muskeln werden besser mit Sauerstoff versorgt. Alles lebensrettend. Unsere Vorfahren haben gebrüllt und zugeschlagen oder sind losgerannt und haben sich auf den Baum gerettet. Durch die Bewegung wurde das Adrenalin wieder abgebaut. Der Adrenalinspiegel sank. Das ist beim heutigen Menschen nicht mehr so. Wir agieren den Stress nicht jedes Mal aus. Das heißt, bei uns sammelt sich das Adrenalin an, sodass wir tagsüber auf einer regelrechten Adrenalinwelle surfen. So sind wir den ganzen Tag wie in einem Adrenalinrausch: Eine Anforderung folgt auf die nächste, und erst abends sinkt das Adrenalin.

Deswegen ist Bewegung im Arbeitsalltag so wichtig. Besonders wenn einen etwas gestresst hat, gilt: zwischendurch im Flur auf und ab oder die Treppe hinauflaufen. Wenn einen jemand genervt hat, kann es helfen, mit der Faust in die Luft zu schlagen, Schattenboxen, damit der

Körper die Adrenalinladung, die bereitgestellte Energie, wieder abbauen kann. Wer unter starken Spannungen im Kieferbereich oder unter Zähneknirschen leidet, dem hilft eine Übung aus dem Yoga: Den Mund weit öffnen, die Zunge herausstrecken und «Bäh!» rufen. Kinder machen das ganz instinktiv, wenn sie sich geärgert haben, bäh, jemand ist doof, bäh!

Der Totstellreflex

An dieser Stelle meldet sich Silke zu Wort: «Ich hatte ja vor einiger Zeit diesen Moment, in dem ich das Gefühl hatte, mich plötzlich nicht mehr bewegen zu können, ich kam wirklich nicht vom Sofa hoch. Sonst bin ich körperlich eher aktiv. Hat das auch mit den Hormonen zu tun, oder ist das was anderes?»

Das klingt fast nach einem Totstellreflex. Der ist die letzte Chance, wenn Kampf oder Flucht keine Rettung mehr ermöglichen. Der Totstellreflex war für unsere Vorfahren ebenfalls lebensrettend, da angreifende Tiere ein Objekt, das sich nicht bewegt, oftmals nicht wahrnehmen können. In Rudimenten kennen wir diesen Reflex: Wenn uns jemand zum Beispiel eine unangenehme Nachricht überbringt und wir nicht schreien, nicht weglaufen können, dann halten wir die Luft an. Wir merken, wie wir ganz steif, in der Bewegung sehr reduziert werden. Manchmal ist in Tierfilmen zu sehen, wie eine Antilope sich tot stellt. Ist die Gefahr vorüber, zappelt das Tier erst heftig, und dann springt es auf. Als müsse es erst wieder in seinen Körper kommen. Auch wir müssen erst wieder in den Körper kommen, wenn wir diesen Reflex haben. Einige kennen das vielleicht vom Autofahren: Jemand hat uns geschnitten, eine extrem gefährliche Situation. Und wir brüllen erst hinterher, mit Verzögerung: «Waaah, du Mistkerl!»

Silke fügt noch an, dass ihr Freund, der sehr verständnisvoll sei, bis zu dem Zeitpunkt nicht wirklich begriffen habe, wie schlecht es ihr ging: «Wenn ich gesagt habe, ich kann nicht mehr, dann ist das irgendwie nicht bei ihm angekommen. Bis es dann echt so war, dass ich nicht aufstehen konnte. Es war sichtbar. Danach hat er angefangen, mehr Aufgaben im Haushalt zu übernehmen. Aber das war erst nach der Sache mit dem Sofa. Er hat vorher immer zugehört, hat versucht, mich zu verstehen. Aber vielleicht musste er es sehen.»

Körperliche Symptome haben eben eine ganz andere Akzeptanz in unserer Gesellschaft als psychische. Wenn man sagt, ich kann nicht mehr, denkt der andere, na gut – denn meistens macht man eben doch weiter. Das Seelische können wir weniger gut nachvollziehen, vielen ist es auch ein bisschen unheimlich. Und das Körperliche ist so deutlich. Wenn das eigene Umfeld dann wirklich sieht, jetzt kann jemand plötzlich nicht mehr vom Sofa aufstehen, ach du liebe Güte. Das ist eindrucksvoll!

«Es war sehr erschreckend», sagt Silke.

Eigentlich war es schlau von Silkes Körper. Säbelzahntigertechnisch schlau. Silkes Körper hat einfach nicht mehr funktioniert.

Der Hormoncocktail

Bei Stress wird allerdings nicht nur Adrenalin ausgeschüttet, sondern ein ganzer Hormoncocktail, zu dem auch Endorphine gehören, körpereigenes Morphium. Das war für unsere Vorfahren lebensnotwendig. Falls sie auf der Flucht über ein Dornengestrüpp rannten, durften sie nicht spüren, dass sie sich verletzt hatten. Sie mussten weiter. Deswegen geht auch heute eine hohe Adrenalinausschüttung immer mit einer Endorphinausschüttung einher. Auch bei Extremsportarten ist das so. Bungeespringer berichten von Todesangst vor dem Sprung und danach von einem Dauergrinsen im Gesicht, so geflutet sind sie von den Endorphinen; es dauert lange, bis sie abgebaut sind. Wir mögen also den Hormoncocktail, der bei Stress ausgeschüttet wird: Wir sind wach, wir fühlen uns wohl, sind entscheidungsfreudig und viel schneller als ohne Adrenalin. Und deswegen bringen wir uns selbst in adrenalinhaltige Situationen. Freiwillig.

Ich zum Beispiel reise gern, mag aber nicht gern Koffer packen. Dafür hole ich mir dann ganz bewusst das Adrenalin dazu. Deswegen packe ich meistens morgens, kurz bevor ich losmuss. Ich habe dann nur wenig Zeit. Deshalb steigt das Adrenalin, und mir darf niemand in die Quere kommen, weil ich durch die Wohnung sause und noch mal schnell hierhin und dorthin muss. Ich packe dann auch nicht schlechter, als ich abends in Ruhe packen würde, weil ich wach und hochkonzentriert bin. Wenn dann noch mein Mann danebensteht und sagt: «Wie du das wieder schaffst – unglaublich», dann bekomme ich sogar noch die Anerkennung meiner Umwelt. Etwas Besseres kann mir doch gar nicht passieren. Also: Her mit dem Adrenalin und den Endorphinen!

Dagmar erzählt: «Als ich in der Konzeptionsphase meiner Projektarbeit an der Schule war, musste ich ziemlich viele Texte am Rechner schreiben. Und wenn ich dann so richtig im Flow war, habe ich manchmal meinen Körper gar nicht mehr gespürt. Eigentlich war ich immer froh, wenn ich diese Phasen hatte. Denn dann ging die Arbeit voran. Ich saß am Rechner mit Tunnelblick und war nur im Text. Und dann habe ich auf die Uhr gesehen, und schwupp, waren anderthalb Stunden vergangen. Erst als ich aufgestanden bin, habe ich gespürt, dass mir alles weh tat. Das hatte ich vorher gar nicht gemerkt, aber es war toll: Ich hatte richtig was geschafft.»

Wie oben bereits erwähnt, lassen sich Adrenalin und vor allem die damit im Zusammenhang stehenden möglichen muskulären Verspannungen ganz gut durch Bewegung abbauen. Das ist im Prinzip also überhaupt kein Problem. Belastend und auf Dauer krank machend ist dagegen ein weiteres Hormon in diesem Cocktail, das sich kurz nach dem Adrenalin einstellt. Für unsere Vorfahren, die es mit letzter Kraft auf den Baum geschafft hatten, war es enorm wichtig, dass sie nicht einschliefen oder herunterfielen. Sie mussten extrem wach sein, jedes verdächtige Geräusch, jede Bewegung in der Savanne viel stärker wahrnehmen als im Normalzustand. Diese erhöhte Empfindsamkeit wird hormonell gesteuert durch das körpereigene Cortisol. Cortisol wirkt lang anhaltend, es macht wach und empfindlich. Wir haben einen natürlichen Cortisolspiegel im Blut, der nachts zwischen zwei und drei Uhr steigt, ganz unabhängig davon, ob wir Eulen oder Lerchen sind. Morgens ist der Cortisolspiegel hoch, er ist damit einer der vielen Faktoren, die uns wach werden lassen. Das Cortisol begleitet uns dann weiter durch den Tag, mal mehr, mal weniger, und sollte sich abends ein wenig zurückziehen, damit wir ungestört einschlafen können.

Nicht nur auf unsere Empfindsamkeit hat Cortisol einen Einfluss, es wirkt sich auch darauf aus, wie wir Ereignisse interpretieren. Ist unser Cortisolspiegel hoch, interpretieren wir sie eher als Bedrohung, als wenn er niedrig ist. Das war wichtig für unsere Vorfahren. Das Knacken und die merkwürdige Bewegung im Gebüsch mussten sie unbedingt als Bedrohung bewerten. Denn der Säbelzahntiger könnte ja wiedergekommen sein.

Wenn wir heute im Alltag über den Büroflur laufen und eine Kollegin guckt komisch, kann es uns damit ganz unterschiedlich gehen: Ist der Cortisolspiegel niedrig, denken wir: «Oh, die ist aber nicht gut drauf heute.» Ist der Cortisolspiegel hingegen hoch, denken wir eher: «Was habe ich der denn schon wieder getan?» Wir bewerten ihren genervten Blick als Bedrohung.

Oder, anderes Beispiel: Hinten im Großraumbüro flüstern welche – niedriger Cortisolspiegel: «Das ist aber rücksichtsvoll von denen, die wollen mich nicht stören.» Hoher Cortisolspiegel: «Die reden bestimmt über mich.»

Lediglich durch den hormonellen Status im Körper ändert sich die Wahrnehmung der Umwelt und die Interpretation dessen, was passiert. Wer viel Cortisol im Blut hat, den macht jedes Geräusch rasend: jedes Telefonklingeln, das laute Gespräch des Kollegen oder dass jemand nah am Schreibtisch vorbeigeht, um zum Drucker zu kommen – einfach, weil der Cortisolspiegel hoch ist. Wer den ganzen Tag einen hohen Adrenalinspiegel hat, hat automatisch auch einen hohen, lang anhaltenden Cortisolspiegel. Und nun sind wir in einem Teufelskreis gefangen, in dem das körperliche Stressgeschehen weiterem Stresserleben die Tür öffnet.

Leider geht es noch weiter: Wer tagsüber viel Adrenalin und Cortisol im Körper hat und dann endlich Feierabend macht, dessen Adrenalinspiegel stürzt oftmals erst einmal ab. Meist schläft man dann schon auf der Couch ein. Doch wenn der größte Schlafdruck vorbei ist, wenn der Körper das Minimum hat, das er braucht, um überleben zu können und nicht verrückt zu werden, übernimmt der hohe Cortisolspiegel wieder die Führung. Deswegen werden wir häufig zwischen zwei und drei Uhr nachts wach, wenn das Cortisol ohnehin steigt. Zusammen mit dem Cortisol des Tages genügt dann schon ein kleines Geräusch, um uns zu wecken und nicht wieder einschlafen zu lassen. Das ist dann nicht einfach nur ein dösiges Wachliegen, wie in den Wechseljahren zum Beispiel, sondern ein überdrehtes Wachsein: Das nächtliche Kopfkarussell setzt ein, die Gedanken beginnen zu kreisen, und man kommt nicht zur Ruhe. Dann hat man Sorge, mit dem wenigen Schlaf den nächsten Tag nicht zu schaffen. Durch diese Befürchtungen steigen Adrenalin und Cortisol, und der Schlaf ist endgültig hin.

Bei vielen startet dieses Stressgeschehen aber auch schon früher: Sie können gar nicht erst einschlafen. Denn wenn der Cortisolspiegel zu hoch ist, unterdrückt er natürlicherweise das Schlafhormon Melatonin. An Erholung ist bald überhaupt nicht mehr zu denken.

Es ist nicht so einfach, dem Cortisol die Spitzen zu nehmen. Einen Gegenspieler im Körper hat das Cortisol allerdings: das Dehydroepiandrosteron, kurz DHEA. Das DHEA kann das Cortisol senken, doch es muss sehr viel arbeiten, wenn man mit einem hohen Cortisolspiegel in den Feierabend geht. Je älter man wird, umso weniger DHEA kann der Körper produzieren.

Zwar lässt sich DHEA synthetisch herstellen, ich rate von der Einnahme allerdings ab. Denn das, was ich hier sehr schematisch darstelle, ist ein hochkomplexes, hormonelles Wechselspiel. Und die Nebenwirkungen des synthetisch hergestellten DHEA sind noch nicht vollständig erforscht.

Viel sinnvoller ist es, zwischendurch das Adrenalin und vor allem das Cortisol durch Bewegung, Pausen und Entspannung zu senken. Also, wo es möglich ist, die Treppe statt den Aufzug zu nehmen, eine richtige Mittagspause einzulegen und dabei am besten eine Runde um den Block zu drehen oder nach der Arbeit zum Sport zu gehen. Dann kann das DHEA ansetzen und beginnen, den Cortisolspiegel bereits im Laufe des Tages zu senken, sodass dieser uns nachts nicht wach hält.

Stressoren

Weshalb reagieren Menschen eigentlich so unterschiedlich auf Herausforderungen? Warum sind einige in derselben Situation gestresst und andere nicht? Wieso gibt es Kollegen, die völlig gelassen mit dem nahenden Projektabgabetermin umgehen, sich sogar noch mal einen Tag freinehmen, und man selbst ist im Riesenstress, versucht, die Aufgabe termingerecht zu bewältigen, und macht sich große Sorgen, ob es überhaupt klappt?

Das hat neben der physiologischen Ebene – zum Beispiel wie viele Rezeptoren es für die entsprechenden Hormone gibt – etwas mit der Bewertung des Ereignisses zu tun: ob man es als Bedrohung bewertet oder nicht.

Machen wir das an einem Beispiel deutlich: Käme unvermittelt ein großer Hund in einen Raum mit verschiedenen Menschen, würden diejenigen, die Respekt oder Angst vor Hunden haben, sofort Adrenalin ausschütten. Sie hätten den Hund permanent im Blick und würden ständig aufpassen. Und wenn er sich bewegte oder knurrte, dann gerieten sie sofort in Stress. Für diese Menschen wären das anstrengende Stunden.

Es gibt aber auch Leute, die haben mit Hunden nichts am Hut. Die sehen, da kommt ein Hund herein, doch sie messen ihm keine Bedeutung bei. Und dann gibt es die, die Hunde sehr gernhaben. Die sagen: «Oh, was machst du denn hier, ja komm mal hierher, du bist ja ein ganz Feiner.» Die holen den Hund zu sich und streicheln ihn. Für sie wären es entspannte Stunden.

Es ist das gleiche Ereignis. Hund ist Hund. Je nachdem, wie man das Ereignis bewertet, fällt die Reaktion jedoch unterschiedlich aus. Der Hund selbst ist nicht der Stress, sondern der Stress ist das, was im eigenen Körper stattfindet. Wenn der Hund bei mir Stress auslöst, dann ist er für mich ein Stressor. Für andere ist er völlig neutral, und für die Dritten ist er etwas Nettes, Erholsames. Wenn ich sage, ich habe zu viel Stress, dann beschreibe ich stets die Reaktion in meinem Körper. Nicht das, was objektiv in der Außenwelt vorliegt. Wenn 150 nicht bearbeitete E-Mails bei mir Stress auslösen, sind die E-Mails für mich ein Stressor. Und für jemand anderen eben nicht. Der sagt vielleicht: «Ach, so viele Mails, Mensch, Wahnsinn. Mal sehen, wie viele davon ich gleich löschen kann. Das geht ja schnell. Und mal schauen, wer mir alles geschrieben hat. Ist doch spannend. Ich räume jetzt mal auf. Lösche schon mal, gruppiere schon mal. Mir macht das Spaß.» Je nachdem, wie ich das Ereignis bewerte, löst es Stress aus oder nicht.

Wie wir ein Ereignis interpretieren, ob wir es als Bedrohung sehen oder nicht, steht in direktem Zusammenhang mit den drei Faktoren der Salutogenese: Verstehbarkeit, Handhabbarkeit, Sinnhaftigkeit. Je besser wir eine Situation verstehen und in ihr handeln können, desto weniger stresst sie uns. Und wenn das Ganze sogar sinnhaft für uns ist, dann kann eine Herausforderung statt belastend sogar richtig beglückend für uns sein.

Auch ich habe eine Zeitlang Angst vor Hunden gehabt. Irgendwann habe ich begriffen: Ich verstehe einfach nicht, wie Hunde ticken. Ich weiß nicht, wie man sie handhaben muss. Als mir das klarwurde, habe ich in Hundebüchern nachgelesen, wie Hunde Menschen wahrnehmen. Ich hatte mich Hunden gegenüber schlicht stets falsch verhalten. So hatte ich sie beispielsweise – wie ich das bei meinen Kindern praktiziert habe, wenn die sich schlecht benommen haben – einfach mal scharf angeschaut. Meine Kinder wussten dann immer, was Sache war. Einen Hund scharf anschauen ist allerdings genau das Falsche. Als ich das verstanden hatte, wurde der Kontakt mit Hunden handhabbar für mich. So hat sich meine Hundeangst nach und nach aufgelöst. Und jetzt macht es mir sogar manchmal richtig Freude, einem Hund beim Spielen zuzuschauen.

Schlafen

Warum uns Herausforderungen oftmals nicht gut schlafen lassen, haben wir schon gesehen. Das Cortisol hält uns wach. Und so erklärt sich auch, dass wir manchmal in den unmöglichsten Situationen schlafen können wie ein Baby und manchmal in der perfekten Umgebung mit erstklassigem Bett, einer ausgewogenen Temperatur ohne störende Geräusche und elektrische Geräte trotzdem nicht zu unserer wichtigen Nachtruhe kommen. Auf Dauer ist das ein Problem.

Schlafentzug oder auch einfach zu wenig Schlaf über einen längeren Zeitraum hat nicht nur Einfluss auf unsere Hirnfunktionen, sondern führt auch zu einer Veränderung unserer Immunabwehr. Dadurch steigt der körperliche Stress, und der geistige kommt durch die Kenntnis dieser Vorgänge noch hinzu. Damit geraten wir in einen Teufelskreis, der uns immer weniger tief und entspannt schlafen lässt.

Sollte dieser Zustand nicht einfach nur durch ein herausforderndes Ereignis ausgelöst worden sein und mit dem Ende der Aufregung langsam wieder abklingen, sondern länger anhalten, ist unbedingt eine therapeutische Intervention angezeigt. Hier gilt es zunächst einmal die Ursachen abzuklären. Ein Schlaflabor kann zum Beispiel den tatsächlichen Schlafverlauf untersuchen und eventuell physischen Auslösern auf die Spur kommen. Ein ruhiges Gespräch kann zudem Auskunft geben über direkte und indirekte geistig-seelische Belastungen, die möglicherweise unsere Aufmerksamkeit binden und den Schlaf stören. Manchmal ist es das Schlafverhalten des Partners oder der Partnerin, das einen nicht zur Ruhe kommen lässt. Oder es sind Alltagsbelastungen, die unlösbar scheinen. Bisweilen hindern uns auch alte Geschichten daran, in den Schlaf zu fallen, oftmals gerade dann, wenn sonst alles in Ordnung ist. In vielen Fällen kommen bei einer solchen Spurensuche schon die ersten Wege hin zu einer erholsamen Nacht ins Sichtfeld.

Zur Orientierung muss man wissen, dass zu wenig Schlaf, also dauerhaft unter sechs Stunden pro Tag, ebenso schädlich ist wie zu viel Schlaf, also dauerhaft deutlich mehr als neun Stunden. Um ein Mittel von siebeneinhalb Stunden, mit 90 Minuten nach oben oder nach unten, je nach Vorliebe, sollten wir uns dementsprechend, und natürlich mit allen Ausnahmen, dauerhaft gemütlich einrichten.

In unserem Kulturkreis nehmen wir uns diese Zeit des Tages in der Regel in einem Stück. Das ist nicht unbedingt selbstverständlich, wie der Blick in andere Kulturen lehrt. Doch auch bei uns zeigen Babys und alte Menschen, dass es durchaus anders gehen kann: Lange Wachzeiten in der Nacht werden durch süße Schlummer im Laufe des Tages ausgeglichen. Wer tagsüber die Möglichkeit zu einem Powernap hat, kann die nächtlichen Schlafpausen entspannt als eine ganz besondere Ruhezeit nur für sich selbst genießen. Eine Zeit der Stille, in der die Erlebnisse des Tages noch einmal vorbeiziehen können, vielleicht auch eine Zeit für wichtige Gedanken und Tagträume oder auch zum Lesen oder Hören einer schönen Geschichte oder einer sanften Musik. Eine geschenkte Zeit.

Manchmal wecken uns nachts auch körperliche Bedürfnisse: Die Blase drückt, wir haben Hunger oder Durst. Unser Gehirn schlägt Alarm, wenn es unterzuckert ist oder zu vertrocknen droht. Aus diesem Grund gab es früher immer ein Glas Wasser neben dem Bett, und auf dem Kopfkissen lag ein süßes Betthupferl. Auch wenn es den Zähnen nicht so guttut, lässt sich der Schlaf vielleicht auch mit einer kleinen Leckerei herbeilocken.

Forschungen zeigen: Auch Menschen, die gefühlt durchschlafen, werden während ihrer Nachtruhe zwischendrin immer wieder kurz wach und schlafen gleich wieder ein, oftmals ohne dass sie sich am nächsten Tag daran erinnern können. Wach werden ist demnach normal. Wir sollten also diese und andere kleine Unterbrechungen gelassen nehmen und die Rückkehr ins kuschelige Bett ganz besonders genießen.

Es kann aber auch sein, dass einen das gemeinsame Bett nicht so tief schlafen lässt und man die Nacht für sich allein braucht, um zu sich zu kommen und sich zu regenerieren. Dann kann eine eigene Schlafstatt, vielleicht sogar in einem eigenen Zimmer, ausgesprochen hilfreich sein. In Partnerschaften dient allerdings das Schlafen in einem gemeinsamen Bett oftmals der Versicherung der Beziehung, und das Nachdenken über eine getrennte Nachtruhe ist ein Tabu. Das halten viele für den Anfang vom Ende: die Trennung von Tisch und Bett. Vielleicht aber ist es auch ein Neubeginn: eine entspannte Nacht, ein entspannter Tag, eine aufmerksamere Beziehung, Zärtlichkeiten und erfrischender Sex an neuen Orten.

Ja, letztlich kann auch der Sex uns helfen, den Tag loszulassen. Körperlich kommt es zu einer lustvollen Spannungsabfuhr, und seelisch-geistig wendet sich unsere Wahrnehmung weg vom Alltag hin zu einer unmittelbaren sinnlichen Erfahrung. Das kann Sex zu zweit sein, genauso gut wie die Lust am eigenen Körper ganz für sich.

Zum Selbermachen: Die Tageslaufanalyse

Diese Aufgabe kannst du leicht selbst zu Hause durchführen. Sie ist einfach und erhellend. Dazu schreibe auf einen Bogen Papier 24 Zeilen untereinander für die 24 Stunden des Tages. Jede Zeile steht für eine Stunde. Der Bogen beginnt bei 0 Uhr und endet bei 24 Uhr. Nun trage einfach Zeile für Zeile ein, was du an einem normalen, eher anstrengenden Werktag in der jeweiligen Stunde tust. Das kann der Tag mit der Teamsitzung sein oder der Tag mit dem Sport. Es muss nicht exakt der Ablauf eines Wochentags abgebildet werden, es geht eher um einen klassischen Tag. Wann schläfst du, wann liegst du wach, wann stehst du auf, bringst die Kinder in die Kita, gehst zur Arbeit? Alles soll in der jeweiligen Stunde notiert werden. Nach dem Aufschreiben werden die Tätigkeiten bewertet. Ist Schlafen schön für dich? Oder nervt es, weil du andauernd wach liegst? Wenn es schön ist, wird es mit einem Plus markiert. Wenn es nervt, erhält es ein Minus. Und wenn du sagst, Schlafen kriege ich nicht mit, dann ist es neutral und erhält eine Null. Sieh dir zum Schluss die Bewertungen noch einmal an und überlege, welche Situation so richtig nervt. Die erhält ein weiteres Minus, sodass du dann ein Doppelminus hast. Das Gleiche geschieht mit dem Plus. Was ist richtig schön? Das bekommt ein Plus dazu und wird zum Doppelplus. Diese Spitzen schreibst du auf eine Karte, die Doppelplus auf die eine Seite der Karte, die Doppelminus auf die andere. Es geht um eine kleine Bestandsaufnahme, die ein wenig Ordnung schafft. So kannst du sehen, wohin die Energie entweicht, wo sie verlorengeht, wo ein Leck ist und auch, was dir Energie gibt, wo deine Tankstellen sind. Und es wird schon mal klar: Nicht alles muss geändert werden. Vielleicht hilft es bereits, an der einen oder anderen Stellschraube etwas zu drehen, um die Erschöpfung zu reduzieren.

Die Tageslaufanalyse

Positiv: + Neutral: O Negativ: –

00:00 – 01:00			
01:00 – 02:00			
02:00 – 03:00			
03:00 – 04:00			
04:00 – 05:00			
05:00 – 06:00			
06:00 – 07:00			
07:00 – 08:00			
08:00 – 09:00			
09:00 – 10:00			
10:00 – 11:00			
11:00 – 12:00			
12:00 – 13:00			
13:00 – 14:00			
14:00 – 15:00			
15:00 – 16:00			
16:00 – 17:00			
17:00 – 18:00			
18:00 – 19:00			
19:00 – 20:00			
20:00 – 21:00			
21:00 – 22:00			
22:00 – 23:00			
23:00 – 24:00			

Energiekiller – Energiebringer

Dagmar sagt: «Das Schlimmste sind die Konferenzen. Es sind einfach zu viele: Fachkonferenzen, auf denen wir über den Einsatz von Lehrmaterialien entscheiden, Klassenkonferenzen wegen schwieriger Schüler, Zeugniskonferenzen. Für sich genommen haben alle diese Besprechungen einen Sinn. Aber es nehmen einfach zu viele Leute daran teil, und alle hören sich gern reden. Konferenzen sind definitiv mein Energiekiller.

Was mich motiviert, ist, wenn ein Schüler, der ganz schlechte Voraussetzungen hatte, doch noch seinen Abschluss macht und einen Ausbildungsplatz findet. Wenn ich den dann zufällig in der Stadt treffe, und der strahlt mich an und erzählt, dass es geklappt hat, da geht mir das Herz auf! Und ein Energiebringer ist für mich offenbar auch der Sport. Das war mir gar nicht so klar. Aber mein Volleyballverein hat ein Doppelplus bekommen. Ich schaffe es so selten, hinzugehen. Ach so, und das Glas Rotwein am Abend. Das ist auch schön!»

Birte meldet sich zu Wort: «Das mit den ewigen Besprechungen ist bei uns genauso. Mich nerven ganz besonders Telefonkonferenzen, die dann vor allem technisch oft nicht richtig funktionieren, weil einer im Auto am Handy ist und der Empfang mies, der Nächste in der Bahn – was da an Zeit verplempert wird, um drei Infos auszutauschen, das macht mich wahnsinnig. Bei mir gab es viele Doppelminus, puh! Auch die morgendliche Hektik, bis alle in Kita und Schule sind. Ein Doppelplus hat tatsächlich das frühe Schlafengehen bekommen. Und eines die Kuschelzeit abends mit den Kindern. Wenn die mal ohne Drama abgeht.»

Tanja sagt: «Doppelminus bei mir ist, dass ich ständig ansprechbar sein muss, alles immer sofort passieren muss bei den Kunden und dass ich am besten dazu auch noch dauernd lächeln soll. Ich bin halt nie für mich im Laden. Ein Doppelplus hat meine Katze bekommen. Wenn die mir um die Beine streicht, sobald ich abends die Haustür aufschließe, geht es mir gleich besser.»

Olga sagt: «Konferenzen unter Professorenkollegen, das kann auch echt ausarten bei uns. Das glaubt man gar nicht, um welche Nickeligkeiten es da manchmal geht. Total nervig! Bei mir ist das dickste Doppelminus allerdings bei der Hochschulverwaltung gelandet. Die Bürokratie an den Unis ist unglaublich ausufernd, zeitaufwendig und lästig. Na, und dann der permanente Zeitdruck: Immer bin ich gleichzeitig an fünf Projekten dran: Vorlesung vorbereiten, Labor, Doktorandenkolloquium, Drittmittelantrag. Das schlaucht. Obwohl mir die Forschung immer Spaß macht. Doppelplus: Bratsche spielen. Essen gehen mit meinem Freund oder Freunden. Und schwimmen. Auch gerade schwierig mit meinem Ohr.»

Silke sagt: «Mir fehlt es vor allem an Zeit für die kleinen Patienten. Das tut mir dann so weh, wenn ich spüre, es wäre jetzt echt wichtig, kurz am Bett zu bleiben und zuzuhören. Aber ich muss dann weiter, sonst schaffe ich die medizinische Versorgung der anderen Kinder nicht.

Das ist ein riesiges Doppelminus. Und wenn ich es dann doch mal schaffe, ein Kind zum Lachen zu bringen, werde ich gleich wieder zu einem anderen Patienten gerufen. Doppelplus hat bei mir das Ausschlafen. Und Zeit mit meinem Freund oder meinen Kindern ohne Druck.»

Damit diese wichtigen Erkenntnisse nicht verlorengehen, kommen die Karten ebenfalls an die persönliche Pinnwand – mit dem Doppelplus nach vorn.

Oft merkt man erst beim Notieren in der Tageslaufanalyse, welche Tätigkeiten Energie fressen und welche Energie liefern. Um stets vor Augen zu haben, wobei man wirklich auftankt, ist es deshalb auch zu Hause sinnvoll, die Karte mit dem Doppelplus nach vorn gut sichtbar anzubringen. So sehe ich immer: Das tut mir richtig gut!

Die Bedeutung von Pausen

Pausen sollte man immer dann machen, wenn man keine Zeit dafür hat. Das klingt verrückt, enthält aber eine tiefe Wahrheit. Wenn wir das Gefühl haben, keine Zeit zu haben, fühlen wir uns gejagt, und das Stressprogramm wird aufgerufen. Nun entsteht ein Teufelskreis der wechselseitigen Verstärkung: Der hohe Herzschlag, die schnellere Atmung, die muskuläre Spannung – all das, was der Körper für das Abwenden einer Bedrohung bereitstellt, gibt zusätzlich zu den äußeren Umständen ein Signal an das Gehirn. Dieses verbindet den körperlichen Zustand mit dem Kontext und erhöht die Adrenalinausschüttung. Der Stress steigt.

Anders wäre es, wenn wir gerade der Liebe unseres Lebens gegenüberstünden. Hier würden wir den hohen Herzschlag, die schnellere Atmung und die leichte muskuläre Spannung nicht als Gefahr deuten, sondern als Zeichen des Verliebtseins.

Körpergeschehen und Kontext greifen also ineinander und verstärken sich gegenseitig. Um den Teufelskreis zu durchbrechen, können wir entweder beim Körpergeschehen ansetzen, zum Beispiel durch Entspannungsverfahren, mit denen wir gezielt Atmung und muskuläre Spannung herunterfahren und in der Folge dann auch den Herzschlag. Das Gehirn nimmt dadurch an, dass die Gefahr vorbei ist, und stellt die Adrenalinausschüttung ein. Oder wir verändern den Kontext, indem wir kurz die Situation verlassen. Das geschieht durch Pausen. Am wirksamsten sind Pausen, wenn wir möglichst das Gegenteil des Vorangegangenen tun – konkrete Vorschläge dazu folgen weiter unten. Denn dann hat das Gehirn ganz rasch einen neuen Kontext. Besonders trickreich ist es auch, schnell eine Treppe hochzulaufen, dann bringt unser Gehirn das Herzklopfen in Zusammenhang mit dem Treppenlauf und gibt Entwarnung.

Ich will von den Frauen wissen, ob sie Pausen während der Arbeit machen – und wenn ja, welche.

Die Runde ergibt: Einige machen gar keine richtigen Pausen, vor allem die Teilzeit arbeitenden Mütter kleiner

Kinder, also jene, die Pausen eigentlich bitter nötig hätten. Bei Birte beispielsweise geht es direkt von der Arbeit in die S-Bahn, sie isst ein Brot am Bahnsteig zwischendurch, um ihre Kinder pünktlich von der Kita abholen zu können.

Silke sagt: «In den Pausen, wenn ich denn dazu komme, sie zu machen, sitze ich im Personalraum und bete, dass kein Patient nach mir klingelt. Ich versuche, mir vor dem Dienst immer eine Stulle zu schmieren, aber manchmal reicht die Zeit nur für Kaffee und Schokoriegel.»

Und Susanne erzählt: «Bei uns in der Kantine ist es mir viel zu laut. Da kann ich keine Pause machen. Also esse ich mittags oft am Rechner. Das ist mit zwölf Leuten im Großraumbüro allerdings auch nicht so gut. Ich muss mich echt zwingen, das Büro mittags zu verlassen. Wenn ich das schaffe, ist die Pause erholsamer.»

Tanja in ihrem Elektronikfachhandel hat ebenfalls fast nie Zeit für eine Pause. Immer gehen die Kunden vor.

Dagmar, die Lehrerin in Leitungsfunktion, hat als Einzige die Pause fest in ihren Arbeitsalltag integriert: «Seit einiger Zeit gehe ich mittags oft mit einer befreundeten Kollegin essen. Wenn es gut läuft, schaffen wir es zu einem kleinen Imbiss neben dem Schulgelände oder zum Bäcker. Sonst gehen wir auch mal in die Schulmensa. Das ist aber eher gefährlich, denn dann kommt garantiert eine Kollegin mit einer Frage. Außerdem ist es natürlich auch laut wegen der Schülerinnen und Schüler. So ist Schule für Lehrer: Da gibt es so gut wie keine Pausen. Immer ist irgendwas zu organisieren oder zu besprechen. Aber seit kurzem habe ich die Mittagspause als festen Termin für mich, bei dem ich die Schule möglichst verlasse. Manchmal mache ich einen kleinen Spaziergang, manchmal setze ich mich auch in mein Auto, stelle den Sitz flach und mache die Augen zu. Im Lehrerzimmer ist es sowieso viel zu laut, da kann man auf gar keinen Fall zur Ruhe kommen.»

Ich greife Dagmars fest eingeplante Pause noch einmal auf. Man sollte unbedingt Pausen machen und diese ernst nehmen. Es ist sehr gut, sich die Pause explizit in seinen Terminplan einzutragen: «Wie ihr gesehen habt, habe ich mich vorhin in der Mittagspause auf dieses wunderbare Plüschsofa im Foyer gelegt, die Schuhe ausgezogen und ganz gemütlich die Augen zugemacht. Ich brauche dieses gänzliche Abschalten, damit ich euch auch noch am Nachmittag meine volle Aufmerksamkeit schenken kann. Der kurze Mittagsschlaf ist mein Pausenfavorit.»

Adrenalin und Cortisol können wir ja einerseits durch Bewegung, andererseits aber eben auch durch Pausen, durch eine Unterbrechung senken. Der Wechsel tut gut. Wer lange wie eingefroren am PC gesessen hat, sollte sich bewegen, in die Weite blicken. Wer lange geschwiegen hat, plaudere mit jemandem. Wer viel geredet hat, wird in der Pause eher still sein. Bauarbeiter sitzen während ihrer Pausen im Bauwagen, schließen die Augen und machen ein kleines Schläfchen. Sie ruhen sich aus, weil sie körperlich hart gearbeitet haben. In dieser Unterbrechung können die Stresshormone sinken. Und wenn sie sinken, kann das bereits erwähnte DHEA das Cortisol abbauen.

Es gibt übrigens noch ein zweites Hormon, das cortisolsenkend wirkt: Oxytocin. Das sogenannte Kuschelhormon nimmt den Stress, stärkt das Vertrauen und unser Gefühl von Verbundenheit. Jedes Mal, wenn wir jemanden physisch berühren oder berührt werden, steigt der Oxytocinspiegel, ob das nun ein Baby ist, unser Partner oder ein Haustier. Deshalb haben junge Eltern einen besonders hohen Oxytocinspiegel, und Katzen wirken u.a. so beruhigend, weil man sie streichelt. Das Streicheln des Tieres löst eine Oxytocinausschüttung aus, das Cortisol sinkt, und wir beruhigen uns. Wer eine Katze oder einen Hund streichelt, merkt bisweilen physisch, wie die Entspannung einsetzt. Denselben Effekt kann ein leichter Wind auf der Haut haben oder ein feiner Geruch. Auch wer schöne, berührende Bilder betrachtet, kann eine Oxytocinausschüttung haben. Genauso, wer etwas wirklich Köstliches isst – das Oxytocin steigt, und das Cortisol sinkt. Deswegen sollten wir nicht nur eine bewegte Pause, sondern auch eine genüssliche bewegte Pause machen. Etwas Köstliches tun.

Für den Alltag heißt das: In der Pause das Büro verlassen, mit einer guten Kollegin etwas Leckeres essen oder ein Gespräch mit einer Freundin führen. Ein mitgebrachtes Essen genießen, das man sich liebevoll vorbereitet hat. Sich in Ruhe eine Zeitschrift anschauen. Oder die wunderschöne Kastanie mit den roten Blütenkerzen betrachten. Gut eignet sich auch ein Ritual, etwas, worauf man sich freut. So steigt Oxytocin, und Adrenalin und Cortisol können sinken.

Auf der Flucht vor dem Säbelzahntiger konnte man

keine Pause machen. Deswegen merken wir auch heute nicht, dass wir eine Pause brauchen. Wir spüren nicht, dass wir etwas trinken, dass wir vielleicht zur Toilette gehen, uns recken und strecken sollten. Wir surfen auf einem hohen Adrenalin- und Cortisolspiegel. Und deswegen ist es wichtig, uns daran zu erinnern, dass wir Unterbrechungen benötigen. Früher gab es das Geläut der Kirchen, das die Menschen daran gemahnte, eine Pause zu machen, innezuhalten. Pausen sind essenziell. Man denke auch an die Analogie in der Musik: Ohne Pausen hätte Musik gar keinen Rhythmus.

Das fünfmalige Gebet am Tag bei den Muslimen stellt eine ähnliche ritualisierte Pause dar. Dazu kommt die Bewegung beim Gebet, man wirft sich nieder. Und es ist in einer muslimisch geprägten Gesellschaft anerkannt, die Arbeit wegen des Gebets zu unterbrechen. Jeder macht jetzt eine Pause. Ganz unabhängig von der Religion ist das eigentlich eine feine Sache.

«Ich bin nicht allein»

Wir beschließen den ersten, intensiven Seminartag mit einer kleinen Schlussrunde, dem sogenannten Blitzlicht: Die Frauen sind erschöpft, groggy, aber auf positive Weise. Olga sagt: «Mir gefiel der Methodenwechsel. Und das Salutogenese-Modell hat mir eingeleuchtet.» Birte seufzt und sagt: «Ich bin echt froh, heute Abend allein zu sein, um die ganzen Eindrücke aus dem Seminar wirken lassen zu können. Ich habe jetzt verstanden, wie Stress entsteht.» Und Silke meint: «Ich habe viel mitgenommen, ich fühle mich bewegt. Und ich war geschockt, dass mir gleich zu Anfang die Tränen gekommen sind.» Dagmar äußert Dank an die Gruppe, sie genießt deren Offenheit. Sie sagt: «Ich habe vieles bei anderen wiedergefunden, viele Parallelen entdeckt, das ist beruhigend.»

Wir machen Feierabend. Der Tag war lang und erlebnisreich. Manches hat sich schon sortiert, erste Freundschaften bahnen sich an, und Erleichterung macht sich breit: Ich bin nicht allein. Anderen geht es ebenso.

Zweiter Tag: Was habe ich geschafft? Was hat mich geschafft?

Die Herkunftsfamilie – Arbeit an den Wurzeln

Jede und jeder von uns wird in eine Familie, einen Ort und in eine Zeit hineingeboren. Niemand entscheidet, welche das ist. Für unsere Herkunftsfamilie können wir nichts. Und doch stellt sie den Ausgangspunkt dar, von dem aus wir ins Leben starten. In der Atmosphäre unserer Herkunftsfamilie haben wir gebadet. Das, was dort galt, war für uns zu Beginn unseres Lebens selbstverständlich. Dort liegen unsere Wurzeln, die uns halten, aber auch binden. Die Ursprungsfamilie hat uns mit den Fähigkeiten und Kraftquellen ausgestattet, mit denen wir in der Welt zurechtkommen – wir haben das Beste aus unserer Herkunft gemacht. Vielleicht hat unsere Familie uns aber auch bestimmte Auffassungen vermittelt, die uns heute belasten. Ob wir Erstgeborene sind oder Nesthäkchen, ob wir Geschwister haben oder nicht, welche Berufe unsere Eltern ausgeübt haben – all das ist uns vorgegeben und hat uns geprägt.

Auch die Art und Weise, wie wir mit Arbeit, Belastungen, Stress und Regeneration umgehen, erleben und lernen wir zuallererst in unserer Herkunftsfamilie. So ist das Lebensgefühl in einer Beamtenfamilie für ein Kind ein vollkommen anderes als das in einer Familie von Selbständigen. Bei Beamten spielen Loyalität und Vorhersehbarkeit eine große Rolle, es gibt finanzielle Sicherheit und Planbarkeit. Autoritäten gelten etwas. Bei Selbständigen geht es viel stärker um unternehmerisches Denken, Freiheit und Selbstbestimmung, aber es gibt eventuell auch finanzielle Unsicherheit. In einer Arbeiterfamilie wiederum wird der Beruf womöglich stark als körperliche Arbeit definiert. Wenn man als Kind mit einem solchen Bild von Arbeit groß wird, so ist das wieder ein ganz anderes Lebensgefühl. Welchen Stellenwert Arbeit für uns hat, haben wir in vielen Fällen – ohne groß darüber nachzudenken – aus der Ursprungsfamilie übernommen.

Nun sind wir erwachsen, haben einen eigenen Beruf erlernt, vielleicht auch eine Familie gegründet und sind womöglich sogar in ganz anderen Lebens- und Arbeitsumständen, als unsere Eltern es damals waren. Dennoch tragen wir ihren Umgang mit Arbeit und Belastung als eine wesentliche Lebenserfahrung weiterhin in uns. Hier gilt es, mit einer kritischen Distanz das Gute für sich zu erhalten, sich von dem wenig Förderlichen zu verabschieden und langfristig neue, passendere Strategien für sich selbst zu entwickeln.

Zum Selbermachen: Das Genogramm

Für den genauen Blick auf deine Herkunftsfamilie als Ganze und deren Umgang mit Arbeit und Stress ist es sehr hilfreich, ein sogenanntes Genogramm zu erstellen.

Nimm dazu ein großes DIN-A3-Blatt und lege es quer. Zeichne deine Ursprungsfamilie und damit deine Familiengeschichte schematisch auf, beginnend bei den Großeltern, jeweils mütterlicherseits und väterlicherseits. Das Genogramm umfasst die Generation deiner Großeltern, die deiner Eltern, Tanten und Onkel und endet mit deiner Generation, also mit dir und deinen Geschwistern.

Männer werden im Genogramm durch ein Quadrat symbolisiert, Frauen durch einen Kreis. Wenn jemand zwischengeschlechtlich ist, schreibt man beide Symbole übereinander. Eine geschlossene Ehe wird mit einem durchgezogenen Strich zwischen den Ehepartnern dargestellt, ein nicht eheliches Zusammenleben mit einer gestrichelten Linie. Falls sich die Partner getrennt haben, wird ein Querstrich auf die Linie gezeichnet, falls sie sich haben scheiden lassen, zwei Querstriche. Auch hier kann man variieren: War ein Vater lediglich Erzeuger und ist anschließend aus der Familie verschwunden, so kann die gestrichelte Linie des Vaters zur Mutter ganz luftig ausfallen. Kinder werden in der Reihenfolge ihrer Geburten eine Ebene tiefer mit Verbindung zur Elternlinie eingetragen, so wie wir schreiben, von links nach rechts, beginnend mit dem oder der Erstgeborenen. Zwillinge zeichnet man mit einem gemeinsamen Ursprung ein, eineiige Zwillinge haben noch einmal eine Verbindungslinie zueinander. Adoptivkinder bekommen eine Verbindungslinie von den Eltern zu den Adoptiveltern. Fehlgeburten, Abtreibungen und Totgeburten können, wenn sie bedeutsam sind, ebenfalls klein eingetragen werden. Der Kreis und das Quadrat, die deine eigenen Eltern darstellen, ziehst du jeweils eine Ebene weiter nach unten. So können diese wiederum über eine Linie miteinander verbunden und deren Kinder inklusive dir selbst eingezeichnet werden. Es kann hilfreich sein, das Genogramm zunächst zu skizzieren, um sich einen Überblick zu verschaffen, und es erst anschließend ins Reine zu zeichnen.

Familien sind unterschiedlich. Keine Familie gleicht der anderen. Scheidungen, neue Partner, Patchworksituationen – alles hat Platz im Genogramm. Neue Partner werden einfach eine Ebene tiefer eingezeichnet. Falls es in deiner Familie ungewöhnlich frühe Todesfälle gab oder sich jemand das Leben genommen hat, kannst du das ebenfalls notieren, da solche Ereignisse fast immer das gesamte Familiengefüge verschieben. Wenn ein Stiefvater oder eine Stiefmutter dazukommen oder Kinder bei den Großeltern aufwachsen, so ist das eine andere Situation als bei den leiblichen Eltern. Und falls es innerhalb deiner Ursprungsfamilie jemanden gab, der für dich von besonderer Bedeutung war, zum Beispiel eine Tante, die dich gefördert oder ein Großonkel, dessen Beruf dich geprägt hat, kannst du das ebenfalls im Genogramm vermerken.

Da wir im Rahmen der Burnoutprävention besonders

am Verhältnis der Herkunftsfamilie zu Arbeit interessiert sind, werden zudem – so du sie denn kennst – die Berufe sämtlicher Familienmitglieder der geraden Linie notiert. Also nur die direkten Verwandten. Wer hat welchen Beruf ausgeübt? Wer war für das Haus- und Familienmanagement zuständig? Dabei kannst du auch jemandem einen Beruf zuschreiben, wenn er oder sie ihn ohne Diplom oder Gesellenbrief ausgeübt, ihn sich selbst beigebracht hat. Falls ein Landwirt beispielsweise nach der aktiven Zeit auf dem Hof einen Laden eröffnet hat, wird das verzeichnet. Auch mehrere Berufe können eingetragen werden. Notiere außerdem, ob die Mitglieder deiner Familie Arbeiter, Angestellte, Beamte oder Selbständige waren oder sind. Die Bezeichnungen «selbständig» und «angestellt» sind dabei nicht nur im engen Wortsinn gemeint: Wenn beispielsweise eine Großmutter Hausfrau und Mutter war, jedoch im Denken und Handeln stets enorm eigenständig und in der Familie tonangebend oder in mehreren Vereinen und Verbänden ehrenamtlich aktiv, dann kannst du sie als selbständig bezeichnen. Spannend ist dabei auch zu sehen, welche Dinge du nicht weißt, weil nicht darüber gesprochen wurde, die aber möglicherweise trotzdem so etwas wie einen Grundton zum Thema Arbeit abgegeben haben. Hier kannst du später noch mal nachforschen, wenn du magst.

Erinnere dich und erzähle aufmerksamen und interessierten Zuhörern davon: Was hat Arbeit in deiner Familie bedeutet? Was für einen Umgang mit Stress gab es? Welche Haltung zu Erholung oder Pausen? Und: Was davon hast du übernommen? Was machst du eventuell ganz anders? Und was möchtest du in Zukunft vielleicht ganz anders machen?

Genogramm-Symbole

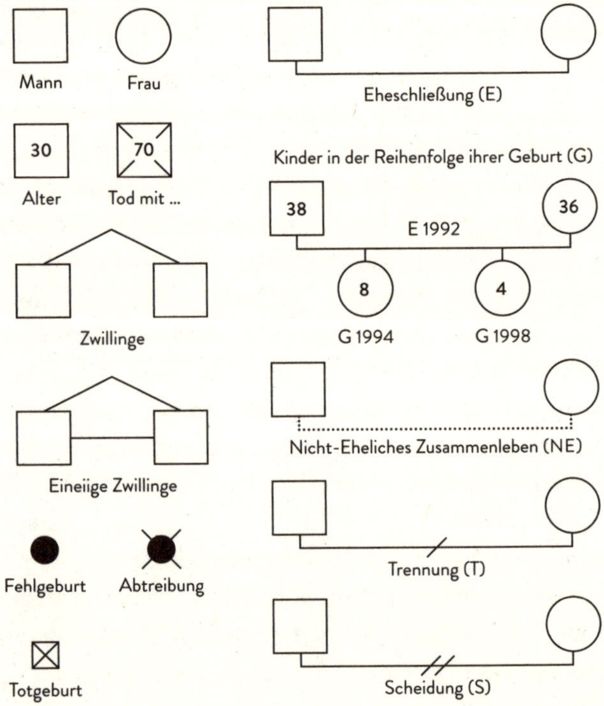

Genogramm-Beispiel

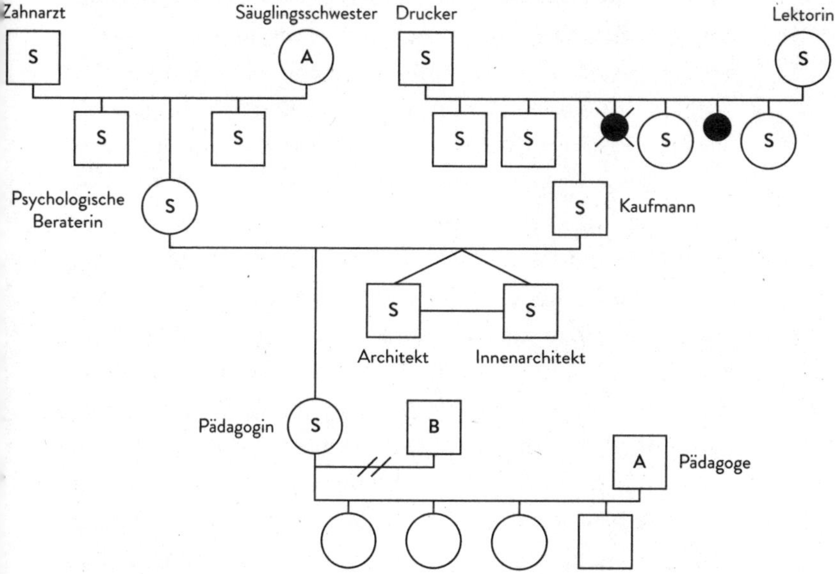

«Das hast du alles bewältigt?»

Susanne, die Werkstoffprüferin, präsentiert ihr fertig gezeichnetes Genogramm als Erste. Susanne stammt aus einer katholisch geprägten, kleinstädtischen Gegend. In ihrer Familie gab es viele Handwerker und stets zahlreiche Kinder. «Mein Großvater väterlicherseits hatte eine Bäckerei. Mein Vater hat seine leibliche Mutter gar nicht kennengelernt, denn sie starb, als er noch ein Baby war, da war er gerade mal sechs Wochen alt. Mein Großvater hat sich dann relativ schnell mit einer unverheirateten kinderlosen Nachbarin zusammengetan, ich glaube, das war eine pragmatische Lösung. Sie hat sich um die Kinder gekümmert, er hat sie finanziell versorgt. Er musste ja die Bäckerei weiterführen. Ob da Liebe war? Ich weiß es nicht. Auf jeden Fall hatte die neue Frau meines Großvaters noch eine Fehlgeburt. Weitere Kinder kamen keine. Mein Vater besuchte später die Realschule und wurde Sanitär- und Heizungsfachmann, er war dann selbständig mit eigener kleiner Firma. Die Person, die in der Familie meines Vaters in gewisser Weise herausstach, war meine Großtante, die jüngere Schwester meines Großvaters. Sie war ziemlich wichtig für mich. Sie war unverheiratet und immer voll berufstätig, was für die damalige Zeit und auch für das Umfeld völlig untypisch war. Als gelernte Schneiderin hat sie sich hochgearbeitet und war später in einem großen Modehaus als Schnittdirektrice tätig. Das heißt, sie war dort mitverantwortlich für die Produktentwicklung der Damenmode. Sie hat mit den Designern zusammengearbeitet, Stoffe ausgewählt, Prototypen der Kleider und Kostüme hergestellt, Maßtabellen entwickelt. Meine Großtante hat mich mehrfach in beruflichen Angelegenheiten beraten. Und sie hat mir immer wieder eingeschärft, ich solle ja mein eigenes Geld verdienen. Im Alter, nach ihrer Pensionierung, hat sie noch bei uns im Haus gewohnt.

Mein Großvater mütterlicherseits war Schlosser, angestellt, meine Großmutter hat im Einzelhandel gearbeitet.

Meine beiden Onkel sind auch angestellt. Meine Mutter war immer Hausfrau, vier Kinder, ich bin die Zweitgeborene. Ich war auch immer angestellt. Selbständig zu sein kam für mich nie in Frage. Ich wollte Sicherheit. Dass ich Werkstoffprüferin geworden bin, hängt vielleicht auch mit meiner Großtante zusammen: Sie hat mir Mut gemacht, einen technischen Beruf zu ergreifen. Mein ältester Bruder hat studiert, er und meine jüngeren Geschwister sind alle angestellt, so wie ich. Mein Vater war ein schwieriger Charakter. Er hat viel gearbeitet in seiner Firma. Die lief nicht immer gut. Mal hatte er zwei Angestellte, mal nur einen Helfer. Mein Vater war tagsüber unterwegs bei den Kunden und saß abends noch über der Buchhaltung. Da durfte man ihn nicht stören. Im Grunde war er überfordert, als das vierte Kind kam. Er war cholerisch und hat getrunken. Ich bin als Kind von ihm geschlagen worden. Meine Mutter hat er auch geschlagen. Als ich 14 war, bin ich zum ersten Mal dazwischengegangen. Dann hat er sich das bei mir nicht mehr getraut. Aber meine Mutter hat sich nie gewehrt. Die war so ein richtiges Schäfchen. Deshalb war ich heilfroh, als ich genügend Geld zusammengekratzt hatte, um mit 18 ausziehen zu können. Ich hatte nicht viel Geld während meiner Ausbildungszeit, aber ich war endlich unabhängig.»

Was für eine Stärke Susanne als junges Mädchen bewiesen hat! Aber was für eine Kraft muss sie das auch gekostet haben? Verständlich, dass sie irgendwann geschafft ist.

Als Nächste zeigt Olga den anderen ihr akkurat gezeichnetes Genogramm. Mit einem kleinen Lächeln schickt sie voraus: «Mir war das gar nicht so klar, aber von den Frauen in meiner Ursprungsfamilie war keine berufstätig, das waren alles Hausfrauen, bis auf meine Mutter. Sie hat als Krankenschwester gearbeitet, schon damals in St. Petersburg, wo sie die Ausbildung absolviert hat, später auch in Deutschland, auch als ich noch klein war. Mein Großvater mütterlicherseits war Architekt, meine Großmutter Hausfrau, sie hatte immer alles sehr gut im Griff. Meine Mutter ist die älteste von drei Schwestern, die auch alle Hausfrauen sind. Von der Familie meines Vaters weiß ich gar nicht so viel, dessen ältere Brüder kenne ich kaum, sie waren beide berufstätig. Mein Großvater väterlicherseits war Volkschullehrer. Nachdem wir nach Deutschland gezogen waren, hatten wir mehr Kontakt zur Familie meiner Mutter als zu der meines Vaters. Mein Vater hatte bei einer staatlichen Reederei in St. Petersburg gearbeitet und konnte dann in Deutschland wieder bei einem Schifffahrtsunternehmen anfangen – das ist ja eine ziemlich internationale Branche. Ich bin in Hamburg geboren. Aber meine Eltern haben sich zu Beginn in Deutschland wider Erwarten gar nicht wohlgefühlt. Vor allem meine Mutter hatte Heimweh. Deshalb gab es kurzzeitig den Plan, dass wir wieder zurückgehen nach Russland. Als ich drei Jahre alt war und mein Bruder erst anderthalb, hat uns meine Mutter zu ihrer Mutter nach St. Petersburg geschickt; die Idee war, dass meine Eltern später nachkommen sollten. Aber das hat dann beruflich bei meinem Vater nicht so geklappt wie geplant, und meine Mutter hat uns Kinder sehr vermisst, sodass sie uns ein paar Monate später nach Hamburg zurückgeholt hat. Und dann sind wir geblieben. Meine Eltern haben dann beide angestellt gearbeitet, er in der Reederei, sie im Krankenhaus. Das waren sehr stabile Verhältnisse: Ich hatte dann so eine richtig bildungsbürgerliche Jugend mit Hausmusik und Schüleraustausch und allem Pipapo. Ich bin zweisprachig aufgewachsen, mit meinen Eltern spreche ich Russisch. Mein Bruder ist Betriebswirt, er arbeitet angestellt bei einer Bank in den USA. Vor meinem Physikstudium war ich noch ein halbes Jahr bei meiner Großmutter in St. Petersburg, da habe ich einen Meisterkurs für Bratsche am Konservatorium gemacht, für den ich ein Stipendium hatte. Mit den internationalen Musikerkollegen war es toll, aber meine Großmutter hat mich mit meinen 19 Jahren wie ein Schulmädchen behandelt: Ich musste um sieben Uhr abends zu Hause sein, das weiß ich noch. Absurd. Meine Großmutter würde ich auf jeden Fall als ‹selbständig› bezeichnen, sie hatte das Sagen, auch in ihrer Ehe. Und in dem halben Jahr damals hat sie darauf bestanden, dass ich von ihr lerne, wie man einen Haushalt führt, wie man putzt, wäscht, bügelt und Borschtsch kocht. Die Idee mit dem Physikstudium fand sie für ein Mädchen eher abwegig. Das ist mir jetzt wieder eingefallen. Aber ich habe das ja dann trotzdem durchgezogen. Meine Eltern haben mich unterstützt, meine Mutter hat mich auch ein bisschen gepusht vielleicht. Eine gute Arbeit zu haben war schon wichtig bei uns zu Hause. Mein Vater war stolz auf seine Position in der Reederei. Und ich habe halt immer alles gegeben. Je mehr ich mich reingehängt habe, umso besser lief es natürlich. Nach der Promotion kam die Zeit in den USA, dann die Professur und jetzt der Forschungscluster – es hat immer alles so gut geklappt. Bis jetzt – bis zu meinem Tinnitus.»

Was Olga erzählt, klingt nach einem Hochleistungsmarathon. Kein Wunder, dass sie bei dem Tempo auch irgendwann einfach nicht mehr kann.

Als Tanja vor ihrem Genogramm steht, seufzt sie einmal tief, bevor sie zu erzählen beginnt: «Bei mir war das komplett anders. Meinen Vater habe ich nie kennengelernt. Der ist abgehauen, als ich noch ganz klein war. Meine Mutter war alleinerziehend und musste immer arbeiten. Das Geld war knapp. Ich habe ja auch noch einen jüngeren Bruder. Meine Mama war Kassiererin. Meine Oma ist putzen gegangen bei ganz verschiedenen Leuten. Das musste sie, denn mein Opa war zwar früher bei der Stadtreinigung, aber mit Anfang 50 war der schon in Frührente, weil sein Rücken kaputt war. Ich hab nach der Schule Mittagessen gekocht für meinen Bruder und mich, meine Mutter war ja auf Arbeit. So war es halt. Ich musste viel auf meinen Bruder aufpassen, und mit Putzen und Wäsche war ich auch regelmäßig dran. Ich hatte wenig Zeit zum Ausgehen oder für Freunde. Nach der Schule hat meine Mutter gesagt: ‹Mach mal die Lehre im Einzelhandel, da brauchen sie immer Leute.› Und so richtig eine andere Idee hatte ich nicht. Ich wollte auch schnell mein eigenes Geld verdienen. Ich hab erst später gedacht: ‹Hätte ich mal selber mehr überlegt.› Ich hätte ja auch was anderes machen können. Aber meine Mutter hat uns schon ordentlich Druck gemacht: ‹Ohne Arbeit bist du nichts›, hat sie immer gesagt. Mein Bruder ist Maler und Lackierer, der war mal eine Zeitlang arbeitslos, das war für meine Mutter das Allerschlimmste.»

Arbeit ist das halbe Leben – dieses Diktum klingt bei Tanjas Erzählung durch. Tanja hat in ihrer Kindheit und Jugend wirklich nicht viel Spielraum gehabt. Und doch hat sie hat die schwierige Zeit bewältigt. «Da hast du dich aber ganz schön durchgebissen, Hut ab», sagt Birte und nickt Tanja anerkennend zu.

Silke spricht sehr schnell, als sie uns ihr Genogramm erläutert: «Meine Großeltern mütterlicherseits waren beide Landwirte, haben in der LPG gearbeitet. Ich bin ja in der DDR aufgewachsen. Mein Großvater väterlicherseits war Werftarbeiter, die Großmutter Kranführer. Das war ein ganz normaler Beruf in der DDR, auch für Frauen. Meine Mutter hat als Krankenschwester gearbeitet, so wie ich heute, sie damals in einer Poliklinik. Mein Vater war Sport- und Mathematiklehrer an einer Polytechnischen Oberschule. Sport war enorm wichtig bei uns zu Hause, mein Vater war da schon ein bisschen speziell. Leichtathletik war sein Steckenpferd. Oft sind wir, meine Brüder und ich, am Wochenende mit zum Lauftraining auf den Sportplatz der POS. Mein jüngster Bruder war richtig gut, vor allem auf der Kurzstrecke. Er ging auf die Kinder- und Sportschule in Rostock, das war so eine Kaderschmiede. Allerdings ist er nachher doch kein Leistungssportler geworden, da kam die Wende dazwischen. Mein Vater hätte es gern gesehen, wenn ich ebenfalls an dieser Spezialschule aufgenommen worden wäre. Allerdings brauchte man dafür sehr gute Prognosen, auch fürs Abitur. Und die hatte ich nicht. Ausdauer, Disziplin und Leistung – vor allem sportliche – das waren so die Stichworte bei uns. In Sport, besser gesagt im Fach ‹Körpererziehung›, wie das damals hieß, mussten wir Kinder eine Eins auf dem Zeugnis haben. Und es wurde erwartet, von meiner Mutter übrigens auch, dass wir überall gute Leistungen ablieferten, dass wir bei allem mitmachten. Ich war in der Handballmannschaft des Sportclubs und außerdem natürlich Pionier. Krankfeiern gab es nicht. Wenn wir erkältet waren, mussten wir trotzdem zu Schule und Training. ‹Zähne zusammenbeißen und weitermachen›, hat mein Vater immer gesagt. Wobei ... das war halt auch nicht immer der richtige Rat. Es fällt mir jetzt etwas schwer, das zu erzählen, aber mein Handballtrainer war ein richtiger Fiesling. Der hat uns echt gescheucht.» Silke schluckt, räuspert sich kurz und spricht nach einer kurzen Pause weiter. «Er hat auch immer wieder so anzügliche Bemerkungen gemacht über meine große Oberweite. Dass die Jungs bei mir da ja echt was in der Hand hätten und so. Widerlich war das. Nach einem Spiel hat er schon mal seine Hände auf meine Schultern gelegt, und dann sind die so runtergewandert. Ich war dann wie erstarrt. Und einmal nach einer Feier im Sportclub hat er mich an der Tür abgepasst, sich an mich gedrückt und mir an die Brüste und zwischen die Beine gegriffen. Ich konnte mich nur mit Mühe losmachen. Ich war 14, er Ende 40. An dem Abend bin ich heulend nach Hause gerannt. Ich war fassungslos. Mein Vater hielt große Stücke auf diesen Trainer. Meine Eltern waren mit ihm sehr gut bekannt, fast befreundet. Das konnte ich zu Hause unmöglich erzählen. Die hätten mir das doch nie geglaubt. Handball habe ich weiter gespielt. Viel später, als junge Erwachsene, habe ich dann doch meiner Mutter davon erzählt. Sie reagierte ganz verständnisvoll und hat gesagt, sie habe sich manchmal schon so was gedacht. Puh! Na ja. Blödes Thema. Die Wende war dann schwierig für meine Eltern, vor allem für meinen Vater. Er konnte zwar an seiner Schule bleiben, weil Sport und Mathe nicht im Verdacht standen, besonders sozialistisch zu sein. Aber es wehte bald ein anderer Wind. Er kam mit seiner Art und seinen strammen Trainingsmethoden bei der neuen Direktorin, die aus dem Westen stammte, nicht an. Meine Mutter war kurzzeitig arbeitslos, fand aber schnell wieder eine neue Stelle. Sie hat sich dann von meinem Vater getrennt in den Wendejahren. Meine Brüder arbeiten heute beide angestellt, einer als Steuerfachgehilfe, der andere bei der Kripo. Ich habe gleich nach der Schule meine Ausbildung zur Krankenschwester gemacht. Ich war immer berufstätig, bin seit 20 Jahren auf derselben Stelle in der Klinik. Als meine Kinder klein waren, habe ich vier Jahre lang nur 25 Stunden gearbeitet. Aber das ging finanziell irgendwann nicht mehr. Gerade als Alleinerziehende. Also habe ich aufgestockt auf 30 Stunden, und die Kinder kamen in den Hort. Inzwischen mache ich auch wieder Nachtdienste. Ich versuche immer noch, alles so gut wie möglich hinzukriegen, aber gerade bin ich definitiv an meine Grenzen gekommen.»

Die Runde schweigt einen Augenblick. Dann sagt Dagmar anerkennend: «Wow. Das hast du alles bewältigt? Die harten Dienste im Krankenhaus, und das als Alleinerziehende? Das klingt wirklich anstrengend.»

Birte, die Sonderpädagogin, knüpft an Silkes Erzählungen an: «An meine Grenzen gerate ich auch gerade. Als ich das Genogramm gezeichnet habe, habe ich gedacht, dass ich immer so viel für andere tue, kommt wahrscheinlich aus der Familie meiner Mutter. Meine Großmutter ist als junges Mädchen aus Pommern geflohen. Die Kriegserfahrung hat sie stark geprägt. Sie war zwar nie berufstätig, hatte aber sechs Kinder, also echt genug zu tun. Mein Großvater war Lehrer. Und meine Mutter ist Erzieherin geworden. Sie konnte einfach immer gut mit Kindern. Ich selbst bin die Älteste, habe noch drei Geschwister. Meine Großeltern väterlicherseits hatten ein Lebensmittelgeschäft, waren selbständig. Mein Vater hat als Außendienstler für eine Versicherung gearbeitet, der war unglaublich viel unterwegs. Deshalb war meine Mutter auch gefühlt für alles verantwortlich. Vieles war einfach selbstverständlich: dass sie den Haushalt 150-prozentig im Griff hatte, stets gebügelte Wäsche für alle Kinder im Schrank lag, dass es sieben Sorten selbstgekochte Marmelade im Sommer und zehn Sorten selbstgebackene Plätzchen zu Weihnachten gab. Sie hat regelmäßig vorgekocht, wenn sie nicht da war, und hatte außerdem immer ein offenes Ohr für meine Brüder, meine jüngere Schwester und mich. Abends stopfte sie noch unsere Socken oder bügelte. Das war so normal, dass meine Mutter immer gearbeitet hat, entweder im Kindergarten oder zu Hause. Es war ihr auch unglaublich wichtig, dass sich alle wohlgefühlt haben. Meine Mutter ist in ihrer Rolle vollkommen aufgegangen. Für sich selbst hat sie nie etwas getan. Und ich fürchte, das habe ich in meinem eigenen Leben stärker übernommen, als mir lieb ist. Es ist halt auch oft so: Ich erledige vieles zu Hause lieber eben mal schnell selbst, bevor ich meinen Mann bitte, der kaum da ist. Und der das, was ich ihm aufgetragen habe, dann meistens sowieso vergisst. Deshalb habe ich so viel um die Ohren.»

Birte hat die traditionellen Rollenerwartungen an Frauen noch fest im Kopf verankert und ist zugleich beruflich in einer verantwortungsvollen Leitungsposition tätig – wie soll das zu stemmen sein?

Die selbstbewusste Lehrerin Dagmar stellt als Letzte in der Runde ihr Genogramm vor: «Meine Großeltern mütterlicherseits waren Landwirte. Mein Großvater war ein jähzorniger Mann, der zu Hause und auf dem Hof ein hartes Regime geführt hat. Ich würde nicht zögern, meine Großmutter als Angestellte meines Großvaters zu bezeichnen; sie war eine unscheinbare Frau, sie tat, was er sagte. Sie hatten einen Sohn, der den Hof später geerbt hat, und vier Töchter. Die älteste Tochter durfte Hauswirtschaft lernen, die anderen mussten auf dem Hof mithelfen. Meine Mutter hat deswegen keine Ausbildung, keinen Beruf. Sie war die Jüngste. Mein Vater war gelernter Maurer, wie schon sein Vater, der als Selbständiger einen Baustoffhandel leitete und sechs Kinder hatte. Mein Großvater väterlicherseits war alkoholkrank, wie später auch mein Vater.

Als meine Mutter mit mir ungeplant schwanger wurde, war sie gezwungen, zu Hause bei ihren Eltern auf dem Hof zu bleiben, weil die Familie meines Vaters strikt gegen diese Beziehung war. Die Beziehung meiner Eltern hielt dann auch nicht lange. Bald schon tat sich meine Mutter mit einem anderen, leider gewalttätigen Mann zusammen. Wir zogen mit ihm nach Österreich. Ich war 15, also nicht mehr schulpflichtig, und der neue Mann meiner Mutter wollte nicht, dass ich weiter zur Schule gehe. Ich sollte als ungelernte Kraft bei ihm im Gasthof arbeiten. Spülen, bedienen, putzen. Aber da habe ich rebelliert. Ich kann mich noch sehr gut an das Gefühl, an den Gedanken erinnern: ‹Du machst mir mein Leben nicht kaputt!› Ich bin dann regelrecht geflohen, nach Rheinland-Pfalz, zu meiner Hauswirtschaftstante, der ältesten Schwester meiner Mutter, zu der ich zum Glück eine gute und enge Beziehung hatte. Ab da ging es mit Umwegen aufwärts für mich. Meine Tante hat mich gefördert. Ich wurde wieder eingeschult und holte den Hauptschul- und Realschulabschluss nach. Ich wollte unbedingt etwas lernen, einen guten Beruf ergreifen, um unabhängig von einem Mann leben zu können. Deshalb habe ich mich richtig reingehängt und auf dem zweiten Bildungsweg mein Abitur nachgemacht und anschließend auf Lehramt studiert, Biologie und Englisch. Ich bin sehr froh, beruflich jetzt da zu sein, wo ich bin. Ich habe Führungsverantwortung und kann bei meinen Schülerinnen und Schülern richtig was bewirken. Obwohl ich im Augenblick deutlich spüre, dass ich zu viel gearbeitet habe und irgendetwas anders werden muss. Ich habe alles auf die berufliche Karte gesetzt, und jetzt fehlt mir der Halt an anderer Stelle.»

Susanne sagt: «Mensch, du kannst ja echt stolz auf dich sein.» Nach einer kleinen Weile setzt sie hinzu: «Aber sich mal fallenlassen oder auch andere machen lassen, das war bei dir lange Zeit überhaupt nicht drin, oder?»

Entspannungsübung: Bewusst atmen

Mach es dir an einem ruhigen Ort bequem. Lege oder setze dich auf eine Matte oder eine dicke Decke oder wo immer es dir gut geht; es kann auch ein Stuhl oder Sessel sein. Wenn es möglich ist, ziehe deine Schuhe aus und lockere den Gürtel. Wo und wie auch immer: Lass es dir richtig gut gehen ... Wenn du magst, schließe die Augen ... Komm zu dir selbst und spüre, wie du daliegst, wie du dasitzt ... Nimm wahr, wie deine Unterlage, der Boden und durch alles hindurch die Erde dich trägt ... und genieße, wie du mit jedem Ausatmen mehr und mehr zur Ruhe kommst ...

Los-Lassen

Nimm dir nun eine kleine Weile nur für dich selbst, während du in Gedanken liebevoll über deinen Körper streichst und jede innere Begegnung mit deinem Atem begrüßt und verbindest. Konzentriere dich dabei auf «los-lassen»: Bei jedem Einatmen denke «los», bei jedem Ausatmen «lassen». Wiederhole diese Atemsilben so lange, bis du spürst, dass sich eine eventuell vorhandene Spannung löst. Dann streiche in Ruhe weiter.

Wenn du magst, beginne mit deinem Gesicht: die Ohren ... «los-lassen» ..., den Kiefer ... «los-lassen» ..., die Wangen ... «los-lassen» ..., die Lippen ... «los-lassen» ..., die Nase ... «los-lassen» ..., die Augen ... «los-lassen» ..., die Augenbrauen ... «los-lassen» ..., die Schläfen ... «los-lassen» ..., die Stirn ... «los-lassen» ..., die Kopfhaut ... «los-lassen» ..., den Nacken ... «los-lassen» ..., den Hals ... «los-lassen» ... Und noch einmal den ganzen Kopf ... «los-lassen» ...

Streiche weiter über deine Schultern, die Schultergelenke, die Oberarme, die Ellenbogen, die Unterarme und die Hände. Immer wieder «los-lassen» ... Und zum Abrunden noch einmal deine Arme insgesamt «los-lassen» ...

Streiche nun in Gedanken von den Händen an den Armen entlang wieder hinauf bis zu den Schultern und dann weiter den Rücken hinunter. Zunächst über die Brustwirbelsäule ... «los-lassen» ..., die Rippen und die Schulterblätter ... «los-lassen» ... Dann streiche weiter über die starke Lendenwirbelsäule ... «los-lassen» ... und komme nun zu deinem Becken ... «los-lassen» ..., das Kreuzbein ... «los-lassen» ... und streiche von dort weiter bis zu deinem Steißbein ... «los-lassen» ... Deinen Rücken insgesamt «los-lassen» ...

Streiche über deinen Po und weiter über deine hinteren Oberschenkel, die Kniekehlen, die Waden bis hin zu den Füßen, immer wieder «los-lassen» ... Streiche von dort wieder hinauf über die Schienbeine, die Knie und die vorderen Oberschenkel bis hin zu deinen Leisten ... «los-lassen» ... Deine Beine insgesamt «los-lassen» ...

Streiche weiter über deinen Bauch ... «los-lassen» ... Versuche, deinen ganzen Bauchraum zu erfassen: die Bauchdecke, die Seiten, noch einmal den Rücken, den haltgebenden Beckenboden, das Zwerchfell; immer wieder «los-lassen» ... Deinen ganzen Bauchraum «los-lassen» ...

Und nun streiche noch liebevoll über deinen Brustkorb, spüre die Rippen und deinen Atem «los-lassen» ... Nimm dir Zeit, die Welle deines Atems spüren ...

Lass nun das Erlebte noch eine Weile in dir nachklingen ... spüre, wie du daliegst oder dasitzt, und wenn du magst, lausche noch eine kleine Weile in den Raum hinein ... Wenn du dich wieder ganz angekommen fühlst, atme einige Male sehr tief, dehne und rekele dich und komm komfortabel, vielleicht über eine Seite gerollt, wieder zum Sitzen. Halte das wohlige Körpergefühl, während du deine Augen öffnest und deine Aufmerksamkeit langsam wieder deiner Umgebung zuwendest.

Wieso bewusstes Atmen entspannt

Eine aufmerksame und liebevolle Wahrnehmung unseres eigenen Körpers holt uns in die Gegenwart, löst und entspannt uns.

Mit unserem Atem verbinden wir uns zudem deutlich mit der Welt. Mit jedem Einatmen nehmen wir Energie auf, mit jedem Ausatmen geben wir Energie ab. Ein ewiger Rhythmus, Ausdruck unseres Lebendigseins.

Bei Stress atmen wir automatisch schneller und flacher, damit wir rasch Energie in Form von Sauerstoff in unseren Körper bekommen. Haben wir uns vorher nicht körperlich verausgabt, was eine Erklärung für die schnelle Atmung wäre, interpretiert unser Gehirn dieses körperliche Geschehen als physische Einstellung auf eine Bedrohung. Um uns weitergehend zu sichern, folgt jetzt unmittelbar die Ausschüttung weiterer Stresshormone. Diese führen zu einer schnelleren Atmung, die Stresshormone steigen weiter, die Atmung wird noch schneller, und am Ende können wir nur noch japsen.

Diesen Teufelskreis können wir bewusst umkehren und in einen Engelskreis verwandeln, wenn wir gezielt unseren Atem verlangsamen. Das kann mit der gerade beschriebenen längeren Übung geschehen. Es gelingt aber auch zwischendurch, indem wir für eine kleine Weile den eigenen Atem aufmerksam wahrnehmen. Wenn dann noch die Luft beim Ausatmen etwas länger strömen kann als beim Einatmen, genügen ein paar langsame Atemzüge, damit Ruhe und Frieden wieder einkehren.

Ressourcen und Coping-Strategien

Oft haben wir in unserem Leben viel mehr geschafft, als wir uns bewusst machen. Gerade Frauen neigen dazu, eher zu betonen, was sie in ihrem Leben (noch) nicht erreicht haben, als sich klarzumachen, wie viel sie bereits geleistet haben, im Beruf, im Privatleben. Gerade die kraftraubende Care-Arbeit in der Familie wird nach wie vor von vielen Frauen als «selbstverständlich» oder als «nichts Besonderes» angesehen. Und doch ist sie eine enorm wichtige, gesellschaftsrelevante und anstrengende Lebensleistung, selbst wenn sie nicht vergütet wird.

Insbesondere wenn wir uns erschöpfen, ist es also wichtig, sich genau zu vergegenwärtigen, welche herausfordernden Lebensereignisse wir früher schon erfolgreich bewältigt haben. Denn diese Erfahrung stellt für jeden Menschen eine enorme individuelle Ressource, eine große Kraftquelle, im Umgang mit aktuellem Stress dar und verhindert, dass erlernte Hilflosigkeit entsteht. Wenn wir uns daran erinnern, dass und wie wir vergangene Krisen bewältigt haben, verleiht uns das das Selbstvertrauen, es auch dieses Mal zu schaffen. Somit ist die Erinnerung an die Selbstwirksamkeit eine wichtige Voraussetzung für die weitere Entwicklung in Richtung Gelassenheit.

Um zu begreifen, welche Coping-, also welche Bewältigungsstrategien wir haben, ist es hilfreich, in freier Form wenige ausgewählte Wendepunkte in den Blick zu nehmen, die für den persönlichen Lebenslauf Bedeutung erlangt haben. Dabei geht es darum, die Stressoren und die aktivierten persönlichen Bewältigungsstrategien an diesen Wendepunkten genau darzustellen. Diese Betrachtungen können manchmal mit Trauer über Vergangenes verbunden sein. Denn nicht nur die Ereignisse der eigenen Lebensgeschichte werden in den Fokus genommen, auch die sogenannten Nicht-Ereignisse rücken in den Vordergrund. Das kann das Ausbleiben einer Belohnung nach einer großen Anstrengung sein oder das Nichtnutzen vermeintlicher Chancen. Vielleicht gab es eine Traumstelle, die man unbedingt haben wollte, bei der man allerdings noch nicht einmal in die engere Auswahl gelangt ist. Oder es gab einen Kinderwunsch, der auf schmerzhafte Weise unerfüllt geblieben ist. Auch solche Nicht-Ereignisse im Leben sind bewältigt worden, haben aber durchaus ihre Spuren hinterlassen. Wie schon bei der Familiengeschichte geht es auch beim Benennen der Wendepunkte darum, den Fokus immer wieder auf die in herausfordernden Lebenssituationen erfolgreich praktizierten Stressbewältigungsstrategien zu richten, um diese als Quelle für positive, gesunderhaltende Veränderungen nutzen zu können.

Zum Selbermachen: Meine Wendepunkte

Für diese Übung brauchst du ein DIN-A3-Blatt und ein paar schöne Buntstifte. Zeichne damit deinen Lebenslauf auf und beginne bei deiner Geburt. In Form und Gestaltung

bist du dabei völlig frei. Hier beginnt dein Leben. Hilfreich kann das Bild des Lebens als Fluss sein. Dieser Fluss fließt allerdings zumeist nicht nur ruhig und gerade, sondern es gibt Wendepunkte. Denn manchmal kann der Fluss nicht in der Richtung weiterfließen, die er ursprünglich eingeschlagen hat. Er trifft auf Hindernisse, es sind Felsen im Weg, oder das Gelände flacht ab, und das Wasser staut sich. Auf jeden Fall macht der Lebensfluss Wendungen und mäandert auf diese Weise zum Meer. Es gibt zahlreiche solcher Wendepunkte im Leben. Zeichne nun auf dem Papier fünf bis maximal sieben Wendepunkte deines Lebens ein, die dir spontan einfallen, die dir aktuell präsent sind. Selbstverständlich befinden sich zwischen diesen großen Wendepunkten auch noch viele kleine und mittlere, die in anderen Zusammenhängen ebenfalls wichtig sind und dann vielleicht groß werden. Fang einfach mal an mit dem, was dir gerade jetzt in den Sinn kommt. Das ist schon spannend genug.

Wovon war der Beginn deines Lebens geprägt? Warst du vielleicht die Erstgeborene, die sich später damit arrangieren musste, dass noch ein Geschwisterkind auf die Welt kam? Dass der Status des Einzelkindes weg ist, kann ein Wendepunkt im Leben sein. Oder musstest du dir den Platz in der Geschwisterreihe erst erkämpfen, weil du zahlreiche große Geschwister hattest? Eine Krankheit, ein Umzug, ein Schulwechsel, das sind alles Beispiele für mögliche Wendepunkte. Der Beginn einer Ausbildung, ein Studienabbruch, eine glückliche oder unglückliche Liebe, die Geburt eines Kindes, eine berufliche Neuorientierung, Arbeitslosigkeit, eine Scheidung können Wendepunkte sein. Eine Scheidung kann auch einen Neustart bedeuten.

Frage dich: An welchen Punkten wurde dein Leben plötzlich anders? Gab es vielleicht eine Situation, in der irgendjemand etwas gesagt oder getan hat, was dein Leben verändert hat? Ist dir jemand begegnet, der den Fluss deines Lebens in eine andere Richtung hat fließen lassen?

Gestalte die Darstellung deines Lebensflusses, deines Lebensweges so, wie es dir gefällt. Zeige ihn einem vertrauenswürdigen, empathischen und aufmerksamen Menschen und erzähle davon.

«Da hat mein Leben eine andere Richtung genommen»

Um die Wertschätzung dessen, was wir im Leben schon geschafft haben, noch greifbarer, gegenständlicher werden zu lassen, bekommt die Seminargruppe eine letzte Aufgabe für den zweiten Tag: Während die jeweilige Teilnehmerin – den aufgezeichneten Lebensweg erläuternd – von den Wendepunkten in ihrem Leben erzählt, überlegt die Gruppe: Wenn wir dieser Erzählung einen Titel verleihen müssten, welcher wäre das? Mit dem Genogramm und den Wendepunkten im Hinterkopf wollen wir heraushören, wo der rote Faden in diesem Leben zu finden ist. Was schwingt, und was klingt? Lässt sich so etwas wie ein Motto erahnen? Die Gruppe macht Vorschläge und sucht so lange, bis alle gemeinsam einen Titel finden, der für die Teilnehmerin stimmig ist. Diesen Titel schreibt sie auf eine Karte und heftet sie an ihre persönliche Pinnwand. Auch bei der Titelfindung richtet sich unser Augenmerk auf die stressbehafteten Situationen, die wir im Leben bereits erfolgreich bewältigt haben. Denn diese können wir in Zukunft als Quelle gesund erhaltender Veränderungen nutzen.

Susanne erzählt: «Als ich mich zum ersten Mal gegen die Ohrfeigen meines Vaters zur Wehr gesetzt habe, da habe ich mich stark gefühlt. Da war ich endlich einmal nicht das brave Mädchen. Das war ein entscheidender Wendepunkt in meinem Leben, genauso wie der frühe Auszug aus meinem Elternhaus. Doch ohne meine Großtante, die mich auch in der Ausbildungszeit ermutigt und mir ab und zu finanziell unter die Arme gegriffen hat, hätte ich das alles nicht geschafft. Sie hat immer an mich geglaubt, auch wenn ich unsicher war, zum Beispiel vor Prüfungen oder Vorstellungsgesprächen. Außerdem war die Begegnung mit meinem jetzigen Mann ein wichtiger Moment. Wir führen eine intensive und gute Beziehung. Deshalb ist es auch gerade so schwierig für mich, dass er in einer anderen Stadt arbeitet. Er fehlt mir. Ich brauche ihn als Anker im hektischen Alltag zwischen Beruf und Kind. Dass wir zusammen das Haus gekauft haben, war ebenfalls ein wichtiger Schritt. Das ist unser gemeinsames Projekt. Das Haus erdet mich, es gibt mir Sicherheit, auch wenn wir finanziell jetzt Verpflichtungen haben.»

Silke fragt: «War deine Großtante ein Vorbild für dich?» Susanne zögert und erwidert dann: «Sie war mir immer nah. So eine Art Seelenverwandte.» Olga wirft ein: «Du hattest es aber auch wirklich nicht leicht als Kind; da hat sie dir bestimmt Kraft gegeben.» Die Gruppe fragt weiter nach und diskutiert. Susanne selbst hat vom Anker gesprochen. So kristallisiert sich folgender Titel heraus: *Seelenverwandte als Anker im Sturm des Lebens.* Susanne gefällt er gut.

Olga überlegt kurz, bevor sie das Wort ergreift: «Mein Start ins Leben war nach dem kurzen Hin und Her zwischen St. Petersburg und Hamburg ein guter: Meine Eltern waren liebevoll, ich wurde unterstützt, die Schule machte mir keine Mühe, das Musizieren erfüllte mich. Das Physikstudium war insofern ein Wendepunkt, als es mich echt gefordert hat. Zwar hatte ich im Fachbereich Physik als Frau einen gewissen Exotinnenstatus, aber mit Arbeit und Einsatz lief es dann dort ebenfalls gut, und ich war im Forscherteam schnell akzeptiert. Widerstände von außen gab es in meinem Berufsleben nicht viele, ich hab relativ schnell Karriere gemacht. Ich bin eher so der hyperaktive Typ, deswegen würde ich meinen Lebensfluss fast wie einen Gebirgsbach sehen, mit Stromschnellen, die mich nach vorne katapultiert haben und Wasserfällen, in die ich mich hineingestürzt habe, ohne lange zu überlegen. Um im Bild zu bleiben – ein wenig abflachendes Gelände zur Entschleunigung wäre gar nicht mal so schlecht gewesen. Aber an der amerikanischen Uni gab es eben diese aktivierende Atmosphäre: Alle waren mit

Begeisterung dabei und haben immer gearbeitet. In den USA hat man ja eh weniger Urlaub, ich habe mich schnell daran gewöhnt. Und doch gab es so eine Art Wendepunkt in meiner Zeit in den USA: Ein guter Kollege und Freund ist urplötzlich an einem Herzinfarkt gestorben. Mit Anfang 40. Der war auch so ein Arbeitstier. Plötzlich war er tot. Sein Tod hat mich ins Grübeln gebracht: Was habe ich eigentlich im Leben außer meiner Arbeit? Was ist mir wichtig? Damals habe ich mit Tai-Chi angefangen und mir mehr Zeit für die Musik genommen. Als ich wieder in Deutschland war, habe ich – eher spät im Leben – meinen jetzigen Partner kennengelernt. Das war auch ein Wendepunkt. Jetzt habe ich ein Privatleben. Wir gehen in Konzerte, kochen gemeinsam mit Freunden. So was hatte ich lange Zeit fast gar nicht. Einen Wendepunkt in der nahen Zukunft erahne ich in der angegriffenen Gesundheit meiner Mutter. Sie und mein Vater werden mich brauchen, da werde ich mich umstellen müssen. Und der aktuelle Wendepunkt ist mein Tinnitus, der mich hierhergeführt hat.»

Die Gruppe überlegt, ob irgendetwas mit «Überfliegerin» zu Olgas Leben passen könnte, doch das lehnt Olga rundheraus ab. So sieht sie sich nicht, den Begriff mag sie überhaupt nicht. Und so läuft es nach einiger Diskussion auf diesen Titel hinaus: *Energiebündel an den Grenzen der Forschung.*

Tanja sagt: «Ich hatte halt schon früh viele Pflichten. Ich musste als Schülerin für meinen Bruder kochen und die Wäsche machen. Da gab es keine Diskussion. Da war meine Mutter knallhart, sag ich mal. Ich kann das schon irgendwie verstehen. Sie war allein mit uns beiden. Mein Vater war ja einfach abgehauen. Was sollte sie denn machen? Aber wenn ich so drüber nachdenke, hat mir doch was gefehlt in meiner Kindheit. Zeit für mich, Freizeit einfach. Auch Aufmerksamkeit von meiner Mutter. Die war müde, wenn sie heimkam, und hat sich vor den Fernseher gesetzt. Ein Wendepunkt bei mir war der Beginn der Ausbildung, da hab ich endlich eigenes Geld verdient. Viel war es nicht. Aber ich konnte selbst entscheiden, was ich damit mache. Während der Ausbildung hab ich noch zu Hause gewohnt. Von meinem ersten Geld hab ich mir ein Paar Marken-Sneakers gekauft, das weiß ich noch. Das war ein tolles Gefühl. Nach der Ausbildung bin ich mit meinem damaligen Freund zusammengezogen. Auch ein Wendepunkt. Das war eine ganz gute Zeit, wir haben unser Geld zusammengelegt, er hat als Messebauer ordentlich verdient. Aber nach 15 Jahren ging unsere Beziehung in die Brüche. Er war viel auf Montage, und da hat er irgendwann eine jüngere Frau kennengelernt. Das war's dann. Kinder hatten wir keine, das wollte ich nie. Zum Glück, muss ich heute sagen. Ich hab dann mehrmals den Job gewechselt. Seit sieben Jahren wohne ich in meiner jetzigen Zweizimmerwohnung. Das war auch ein Wendepunkt, die habe ich von einer Kollegin übernommen. Ich habe mir die Wohnung gemütlich eingerichtet, sie ist wie eine Höhle für mich. Dort fühle ich mich schon ein bisschen angekommen, auch wenn ich oft allein bin. Zum Glück hab ich meine Katze. Wenn nur der ganze Stress im Job nicht wär! Der macht mich echt krank.» Tanja hat harte und entbehrungsreiche Jahre bewältigt, das ist allen in der Gruppe klar. Kein Wunder, dass sie Richtung Burnout schlittert. Aus ihrer Erzählung entspinnt sich der Titel: *Kämpferin ums Ankommen*. Tanja ist damit sehr zufrieden.

Silke, die aus der leistungsorientierten Sportlerfamilie stammt, erzählt: «Was mir als Wendepunkt sofort einfällt, ist der Umzug in den Westen. Das war schon noch eine Umstellung damals vor 20 Jahren. Ich musste mich im Krankenhaus erstmal an die vielen Hierarchien und – ehrlich gesagt – auch an die Wichtigtuerei der Chefärzte gewöhnen. Das war im Osten anders. Da durfte man als Krankenschwester ja auch viel mehr machen, mehr entscheiden. Aber ich habe mich angepasst. Und bin ja heute immer noch im selben Krankenhaus. Durchhalten kann ich. Na, und dann war ein Wendepunkt die Geburt meiner Kinder, ganz klar. Meine Schätze. Der Mann dazu – also, als der Große in die Schule kam, war der schon weg. Seit der Scheidung zahlt er wenigstens regelmäßig. Er kümmert sich allerdings kaum. Mal ein Wochenende, mal eine Ferienwoche. Und immer nur, wenn ich ihn beknie. Aber an der Front kämpfe ich nicht mehr. Ich ernähre meine Kinder, auf Station sind sie zufrieden mit mir, ich habe es immer irgendwie geschafft, alles hinzukriegen. Ein Wendepunkt war in diesem Jahr, dass ich meinen neuen Freund kennengelernt habe. Das ist noch ganz frisch. Vielleicht ist es auch so, dass ich erst jetzt, wo ich wieder ein bisschen Gefühle zulasse, spüre, wie erschöpft ich eigentlich bin. Es waren sehr anstrengende Jahre. Immer alles allein stemmen, alles allein entscheiden. Dauernd nur die Zähne zusammenzubeißen ist eben auch nicht gut.»

Susanne will wissen: «Was hat dir damals Kraft gegeben, als deine Kinder klein waren und du allein für alles verantwortlich warst?» Silke lächelt ganz kurz und antwortet: «Ich hab innerlich immer gewusst, dass ich es schaffe, ich bin halt zäh!» Für Silke einigen wir uns auf den Titel: *«Superheldin» immer am Limit*. Sie akzeptiert ihn mit einem schnellen Nicken.

Birte, die neben ihrem verantwortungsvollen Job als Sonderpädagogin noch drei kleine Kinder hat, sagt: «Mir fällt spontan als wichtigster Wendepunkt in meinem Leben die Geburt meines ersten Kindes ein. Das hat alles verändert. Ich halte mich eigentlich für eine sehr gut organisierte Person. Mein Studium habe ich in der Regelstudienzeit geschafft, damals hatte ich auch noch Zeit für Sport und Freunde und fürs Malen – das ist ja eigentlich mein Hobby. Habe ich jetzt schon ewig nicht mehr gemacht. Und im Job kriege ich wirklich viel hin in meinen 30 Stunden, ich leite mein Team, ich halte die Besprechungs- und Telefontermine ein, ich reiße mir für die Kinder in unserer Einrichtung echt ein Bein aus – die Eltern sind auch sehr zufrieden mit uns. Aber nach der Geburt des ersten Kindes hatte ich das Gefühl, ich muss unglaublich rödeln, um mein privates Leben oder das, was davon übrig ist, wieder halbwegs auf die Reihe zu kriegen. Ein bisschen kennen das bestimmt alle Mütter.

Aber bei mir hat sich das echt extrem verändert, seit ich Mama bin. Vor allem bei inzwischen drei Kindern. Ich will einfach, dass es allen gut geht! Und wenn mein Fünfjähriger nach dem langen Tag mit Kita und Fußball Waffeln haben möchte, dann backe ich die natürlich für ihn. Klar, dann ist anschließend wieder Chaos in der Küche, und ich muss das sauber machen. Aber er soll doch auch was von mir haben! Und bei meiner kleinen Tochter, die ist ja erst drei, natürlich ist das Abendritual da meine Sache. Manchmal fühlt es sich so an, als hätte ich im Laufe des Tages schon meine ganze Kraft den Kindern in der Einrichtung geschenkt – aber für meine eigenen Kinder muss ich doch auch noch da sein! Also, die Kinder, das war der große Wendepunkt. Und der Schritt zur Abteilungsleitung natürlich, das war ja vor den Kindern; auch da habe ich Verantwortung übernommen. Aber gerade ist es einfach alles echt viel! Vielleicht habe ich mich übernommen. Ich mache das schon gut. Ich weiß nur nicht mehr, wo ich eigentlich bleibe. Ich komme in meinem eigenen Leben kaum noch vor. Und wir als Paar im Prinzip auch nicht.»

Birte gibt so viel. Logisch, dass ihre Batterien jetzt mal leer sind. Tanja fragt: «Woher nimmst du eigentlich die Energie für deinen Alltag?» Birte antwortet: «Ich freue mich immer, wenn die anderen sich freuen. Also, wenn ich was Gutes für sie getan habe. Das tut mir dann wieder gut.» Die Gruppe schlägt den Titel vor: *Allen soll es gut gehen!* «Ja», seufzt Birte, «das stimmt. Das bin ich.»

Dagmar erzählt: «Mein erster Wendepunkt im Leben

war gleichzeitig der allerwichtigste. Ganz klar: Als ich im Alter von 15 von zu Hause abgehauen und auf eigene Faust zu meiner Tante gezogen bin, da hat mein Leben eine andere Richtung genommen. Ich bin heute noch so froh, dass ich damals als junges Mädchen den Mut hatte, von Österreich aus einfach den Zug nach Rheinland-Pfalz zu nehmen und das zu versuchen. Es hat mich einiges gekostet: Das Verhältnis zu meiner Mutter hat damals definitiv einen Knacks bekommen und ist auch nie wieder so richtig gut geworden. Aber ich wäre nie im Leben beruflich dort, wo ich jetzt bin, wenn ich damals nicht auf mein Bauchgefühl gehört hätte. Die anderen Wendepunkte, Abi, Studium, Berufsstart als Lehrerin, Abteilungsleitung, waren alle wichtig, schön und auch aufregend. Aber die Initialzündung war meine damalige Entscheidung.»

Olga will wissen: «Weißt du noch, was dir damals konkret geholfen hat, diese Entscheidung so zu fällen? Ich meine, dass du dich da als junges Mädchen einfach in den Zug gesetzt hast?» Dagmar sagt: «Ich habe ein Bild davon im Kopf gehabt, wie ich leben möchte. Ich habe mich selbst gesehen, mit einem guten Beruf, allein, in einer geräumigen Wohnung. Eigentlich fast so, wie es heute ist. Diese Vorstellung hat mich geleitet.»

Dagmar hat sich auf bewundernswerte Weise am eigenen Schopf aus dem Sumpf gezogen. Sie akzeptiert sehr gern das Motto, das die Gruppe ihr vorschlägt: *Es ist mein Leben!*

Was für kraftvolle Geschichten. Lebensgeschichten, die es allesamt wert sind, erzählt zu werden. Noch am ersten Seminartag haben wir erlebt, wie belastet, beladen und traurig die Seminarteilnehmerinnen waren. Jetzt, am Ende des zweiten Tages, wirkt es, als befänden wir uns in einem Seminar für Powerfrauen.

Würdigung – Wertschätzung – Gesehenwerden

Die ganz unterschiedlichen Stimmen der Frauen zeigen, was das Bewusstwerden der eigenen Lebensgeschichte in Bezug auf die zur Verfügung stehenden psychischen Kraftquellen leisten kann. Dabei fällt es leichter, sich daran zu erinnern, was Arbeit in der eigenen Herkunftsfamilie bedeutet hat, wenn wir uns der grafischen Darstellung mit den einfachen Genogramm-Symbolen bedienen, als wenn wir lediglich davon berichten. Außerdem strukturiert diese Methode das Erzählen. Mit dem Genogramm können wir einen Abstand zu den mittelbar und unmittelbar gemachten Erfahrungen in Bezug auf Arbeit, Belastung, Stress und Regeneration in der Herkunftsfamilie herstellen. Darüber hinaus kann es helfen, diese Erfahrungen einzuordnen, damit wir uns im Fall der Fälle ganz neu entscheiden zu können, welchen Wert wir selbst Arbeit und Stress, aber auch der Erholung beimessen möchten. Es ist erhellend, mit diesem Fokus auf die eigenen Wurzeln zu blicken. Ganz besonders deutlich werden unsere gesammelten Erfahrungen dann mit dem Blick auf die Bewältigung herausfordernder Lebensereignisse in Form von bedeutsamen Wendepunkten. In ihnen wird eine Kraft sichtbar, über die wir eigentlich verfügen, die allerdings manchmal in Vergessenheit zu geraten droht.

Im Sprechen darüber gelingt zudem eine Würdigung, die durch die offene und wertschätzende Haltung der Zuhörenden verstärkt wird. Die uns innewohnenden Ressourcen werden auf diese Weise wieder handhabbar, stehen uns wieder zur Verfügung und können für positive Veränderungen genutzt werden.

In den Seminaren mit den vielen feinfühligen Teilnehmerinnen ist eine aufmerksame und wertschätzende Zuwendung grundlegend gegeben. Das kann im Privaten anders aussehen. Deshalb ist es sehr wichtig, genau zu spüren, wer mir mit meinen sensiblen Themen guttut, und vielleicht selbst der besten Freundin nicht noch mehr zu erzählen, wenn nicht die entsprechende Resonanz entsteht. In solchen Fällen trotzdem weiterzumachen, kann zu Selbstverletzungen führen. Besser ist es, die Freundschaft zu erhalten, das Gespräch woandershin zu lenken und sich für diesen Teil der eigenen Lebensgeschichte andere Vertraute zu suchen.

Häufig hat Erschöpfung auch damit zu tun, dass das, was wir leisten, im Alltag nicht oder nicht genügend wertgeschätzt wird. Wie oft denken wir: Wenn ich mich noch mehr anstrenge, noch mehr arbeite und dieses Projekt auch noch übernehme – vielleicht sieht es meine Chefin oder mein Chef dann und bringt mir Anerkennung entgegen? Doch das geschieht – zumindest in deutschen

Unternehmen – viel zu selten. Oft gilt in beruflichen Zusammenhängen immer noch das Motto: «Keine Kritik ist Lob genug.» Und für die Familienarbeit gilt das häufig leider erst recht. In den seltensten Fällen wird man hören: «Oh, wie schnell und geschickt du wieder den Geschirrspüler eingeräumt hast!» Oder: «Wie sorgfältig du die Wäsche gefaltet und mit welcher Geduld du da gerade das Kleinkind in der Trotzphase beruhigt hast.»

Wir sollten darauf achten, einander mehr Wertschätzung entgegenzubringen. Wenn unsere Leistungen in Familie und Beruf wahrgenommen, gesehen, gewürdigt und wertgeschätzt werden, dann tut das unserer Seele und unserer Gesundheit gut.

Dritter Tag: Wer bestimmt über mein Leben?

Gemischte Gefühle

Am Morgen des dritten Seminartages bekomme ich mit, wie Olga und Susanne sich beim ersten Kaffee kurz unterhalten und lachen – die Teilnehmerinnen sind einander jetzt schon ein wenig vertrauter als am Anfang. Wir beginnen mit einem «Blitzlicht»: Die Frauen erzählen, wie es ihnen am Abend des zweiten Tages ergangen ist. Kinderkrankenschwester Silke berichtet, sie sei körperlich richtig kaputt gewesen, Werkstoffprüferin Susanne sagt, sie habe sich erschöpft und belebt zugleich gefühlt. Tanja berichtet, sie habe am Morgen geweint, weil ihr klargeworden sei, was ihr in ihrer Kindheit eigentlich gefehlt habe. Und Olga erzählt, dass sie niemanden habe sehen wollen und sich bewusst ein paar Stunden für sich allein genommen habe, um spazieren zu gehen und das bisher im Seminar Erlebte nachwirken zu lassen.

Silkes körperliches Kaputtsein, Susannes gemischte Gefühle, Tanjas Trauer und Olgas Nachdenklichkeit sind klassische Zeichen für einen Veränderungsprozess. Immer wenn sich etwas verändert, müssen wir das vertraute Alte verlassen. Oftmals ist das Neue aber noch nicht in

Sicht. In diesem Übergang können wir kaum handeln, denn das Alte fühlt sich nicht mehr richtig an, und das Neue ist noch nicht bekannt. Vielleicht hilft es, wenn wir uns in diesem Zusammenhang eine Vorstellung aus dem tibetischen Buddhismus vergegenwärtigen. Diese Religion kennt das Bardo, ein Reich zwischen den Lebenden und den Toten, in das man vor der Wiedergeburt eingeht. Bardo bedeutet wörtlich «Dazwischengehängtsein» oder «Was dazwischen liegt». Unabhängig davon, woran man glaubt, ist das Bardo ein interessantes Bild für diese unangenehmen Gefühle, die uns bei Übergängen oftmals begleiten: die Trauer, die Verwirrung, das Aufgewühltsein, die Unsicherheit. Und gleichzeitig tröstet es, denn es gibt diesem Prozess einen Namen.

Wir gehen einfach langsam weiter und schauen, was kommt. Den Blick richten wir dabei auf die ersten möglichen Handlungsräume.

Dysfunktionale Überzeugungen

Beginnen möchte ich mit einem kleinen Aufmerksamkeitstest. Mach dir keinen Stress. Es ist nur eine Bestandsaufnahme: Schau mal kurz auf das Bild und decke es dann wieder ab. Was hast du gesehen?

Sandro Del-Prete, 1987

Im Seminar gehen die Stimmen durcheinander, nachdem die Teilnehmerinnen das Bild betrachtet haben: «Ich sehe eine Frau und einen Mann». «Sie sind nackt – ein Liebespaar.» «Ja, der Mann umarmt die Frau von hinten, sie knien.» «Sie befinden sich in einer Flasche, und auf der Flasche ist ein Korken.» «Die Flasche steht irgendwie im Wasser.» «Ich sehe auch noch Fische, nee, das sind ja Delfine!» «Wo?» «Na, hier, sieh doch. Und hier auch!» «Ich sehe keine Delfine.» «Doch, hier und hier!»

Wie ist es dir ergangen?

Es ist nicht entscheidend, ob du zuerst das Liebespaar oder die Delfine gesehen hast. Denn wenn wir in unserer komplexen und bunten Welt alles sofort erkennen würden, kämen wir in dieser immensen Fülle gar nicht zurecht und wären im Alltag schnell überfordert. Wir sehen tatsächlich immer nur einen kleinen Ausschnitt der Welt. Und zwar das, was für uns von Bedeutung ist, den Rest filtern wir weg.

Doch nicht jede und jeder hat dieselbe Filterfähigkeit. Manche Menschen filtern stärker als andere, das ist ganz unterschiedlich. Extremfälle des Nicht-filtern-Könnens gibt es beispielweise bei Autisten. Der Begriff Autismus beschreibt ein Spektrum spezifischer Einschränkungen, die stärker bzw. weniger stark ausgeprägt sein können. Sehr interessant in diesem Zusammenhang ist die Geschichte von Stephen Wiltshire. Der Londoner ist Autist mit einer sogenannten Inselbegabung, ein Savant. Wiltshire hat erst im Alter von fünf Jahren begonnen zu sprechen, und seine ersten Worte waren nicht

«Mama» oder «Papa», sondern «Stift» und «Papier». Er kann außergewöhnlich gut zeichnen. Allerdings kann er fast nichts dessen, was er wahrnimmt, filtern. So war Wiltshire nach einem 45-minütigen Hubschrauberflug über Rom in der Lage, innerhalb von drei Tagen ein fünf Meter breites, detailgetreues Panorama des historischen Stadtkerns der Ewigen Stadt zu zeichnen – komplett aus dem Gedächtnis! Eine erstaunliche Leistung. Danebengelegte Fotos bewiesen eindrucksvoll, dass er bei diesem einmaligen Flug über Rom wirklich jedes Detail korrekt wahrgenommen und aufgezeichnet hat. Nicht etwa nur den Petersdom und das Forum Romanum, sondern jede einzelne Kirchenkuppel, jede Piazza, jedes Fenstersims. Die Anzahl der Säulen an den historischen Gebäuden in seiner Zeichnung war ebenso korrekt wie Baustil und Größenverhältnis. Allerdings braucht Stephen Wiltshire im Alltag bei vielen Dingen Hilfe, weil ihn die Fülle seiner Sinneseindrücke oftmals völlig überfordert. Er kann das für ihn in dem jeweiligen Moment Wesentliche nicht herausfiltern und sich der Situation entsprechend verhalten.

In den meisten Fällen lernen wir schon als Kinder, uns zu fokussieren, zum Beispiel, wenn wir uns sicher im Straßenverkehr bewegen wollen: Wir konzentrieren uns auf die rote Ampel. Das üben wir immer weiter, bis wir es fast automatisiert haben. Manchen Menschen fällt dieses Fokussieren deutlich schwerer als anderen. Oftmals spricht man dann von ADS, dem Aufmerksamkeitsdefizit-Syndrom. Letztlich geht es dabei aber gar nicht um ein Defizit, also einen Mangel an Aufmerksamkeit, sondern darum, dass die durchaus in großem Maß vorhandene Aufmerksamkeit nur schwer gerichtet werden kann. Die Betroffenen haben Schwierigkeiten, sich auf etwas zu fokussieren, das sie vielleicht nicht ganz und gar in seinen Bann zieht. Viele andere Reize erreichen sie eben auch, und die sind genauso interessant. Das ist auch die Crux bei sogenannten ADS-Kindern in der Schule: Während ein Lehrer oder eine Lehrerin an der Tafel die binomischen Formeln erklärt, nehmen diese Kinder gleichzeitig genauso intensiv wahr, was in der Sitzreihe vor, hinter und neben ihnen sowie draußen vor dem Fenster geschieht. Alles ist gleichermaßen interessant, und es fällt ihnen schwer, sich auf das zu konzentrieren, was im Unterricht gerade stattfindet. Diese Reizoffenheit kann sich im Heranwachsen ein wenig verlieren, dennoch haben viele auch im Erwachsenenalter oftmals Schwierigkeiten, sich zu konzentrieren. Sie brauchen für die Fokussierung auf reizarme Aufgaben ungleich mehr Willenskraft als andere.

Wir sehen also, dass das Vermögen, ausblenden zu können, was im Augenblick nicht von Belang ist, eine wertvolle Fähigkeit darstellt.

Aber auch besonders sensible Menschen haben ihre liebe Not, weil sie unsere Umwelt oftmals viel intensiver wahrnehmen. Farben, Gerüche, Stimmungen, Geräusche – alles erreicht sie in einem viel höheren Ausmaß, sodass sie sich schnell überfordert fühlen können. Wenn diese Menschen dann zusätzlich noch einen hohen Cortisolspiegel haben, verstärkt das ihre Empfindsamkeit, und sie fühlen sich endgültig überfordert und gestresst. Hier hilft auf jeden Fall eine bewusste Abschirmung durch Pausen und ein ruhiges Umfeld.

Aber was filtern wir eigentlich weg, und was nehmen wir wahr? Und vor allem: warum? Diese Frage führt uns zum zentralen Thema des dritten Seminartags: Wer bestimmt eigentlich über mein Leben? Wie wir die Welt wahrnehmen, liefert darauf zumindest eine Teilantwort, einen Hinweis. Nur das, was ich wahrnehme, kann mein Leben beeinflussen. Das, was ich ausblende, sehe ich ja nicht. So entgeht mir vieles, das möglicherweise hilfreich sein könnte und mein Leben leichter macht. Und weil ich irgendwann als Kind und Heranwachsende gelernt habe, das, was ich wahrnehme, als bedeutend für das Leben in unserer Kultur zu erachten, kann ich hier eingreifen und mich weiterentwickeln. Jetzt als Erwachsene kann ich ganz bewusst meinen Horizont erweitern und neu und mehr sehen lernen. In den Vordergrund rückt dabei meistens als Erstes, was mich emotional am stärksten berührt.

Einmal habe ich eine Seminarteilnehmerin erlebt, die das Liebespaar gar nicht gesehen hat, sondern nur die Delfine. Die anderen Frauen versuchten vergeblich, ihr zu zeigen, wo das Liebespaar zu sehen ist. Als sie es dann endlich erkannte, lachte sie und sagte: «Dann weiß ich ja, was mein Problem ist, jetzt kann ich auch nach Hause gehen.» Es war allerdings leicht zu erklären, warum sie das Bild so wahrnahm: Sie hatte mit Ende 30 noch ihre lang ersehnten Kinder bekommen, ein Zwillingspärchen, aktuell zwei Jahre alt. Und im Augenblick schaute sie sich eben jeden Abend mit ihren Zwillingen Tierbilderbücher an – zu etwas anderem kam sie nicht. Die viele Zeit mit ihren Kindern und das intensive Glück nahmen ihre gesamte Aufmerksamkeit in Anspruch. Liebevolle Zeiten mit ihrem Mann waren dagegen in den Hintergrund gerutscht. Selbst auf dem Bild konnte sie das Liebespaar nicht erkennen.

Mit der Aufmerksamkeit ist es ja auch so: Wer sich mit irgendetwas intensiv beschäftigt, sieht das in Frage stehende Objekt plötzlich überall.

Spontan meldet sich Birte zu Wort: «Das stimmt! Vor ein paar Wochen war ich auf der Suche nach einem neuen Fahrradanhänger, um mal eine Alternative zur Bahn zu haben, wenn ich die beiden Kleinen zur Kita bringe. Ich habe so richtig teure dänische Modelle im Netz recherchiert, mir den Anhänger einer Freundin genau angesehen und nach preisgünstigen Modellen im Fahrradladen geschaut. Und auf einmal habe ich überall in der Stadt Fahrradanhänger gesehen, viel mehr als vorher! An jeder Straßenecke tauchten diese Anhänger auf. Und als ich dann selber einen gekauft hatte, war das langsam wieder vorbei.»

Was Birte erzählt, ist der Klassiker: Einfach weil etwas in unserem Fokus steht, nehmen wir es stärker wahr. Das, was uns beschäftigt, was uns emotional berührt, worauf wir uns konzentrieren, rutscht in der Wahrnehmung nach vorn. Das Gehirn filtert. In diesem Zusammenhang ist das Phänomen der Veränderungsblindheit von Interesse. Dazu gibt es zahlreiche interessante Experimente, die auch im Netz dokumentiert sind. Eines dieser Experimente besteht aus einem mobilen Eiswagen mit zwei verschiedenen Verkäufern. Der eine verbirgt sich gebückt hinter dem Verkaufstresen, sodass er aus Käuferperspektive nicht zu sehen ist. Der andere steht ganz normal hinter dem Tresen. Ein Kunde kommt und möchte Eis bestellen. Der sichtbare Verkäufer lenkt den Kunden ganz kurz ab, indem er ihn auf die verschiedenen Eissorten hinweist, die als Liste außen am Wagen hängen. Währenddessen duckt sich der erste Verkäufer hinter den Tresen, und der zweite taucht auf. Keiner der Kunden in dem Versuch bemerkt, dass er das Eis von einem anderen Verkäufer ausgehändigt bekommt als dem, bei dem er es bestellt hat. Die Kunden sind so konzentriert auf ihr Eis und den Bezahlvorgang, dass sie die Veränderung im Außen nicht wahrnehmen.

Die Erklärung für diese Veränderungsblindheit lautet, dass unser Gehirn eben nicht in der Lage ist, Multitasking zu betreiben, sondern sich fokussiert, konzentriert auf eine Tätigkeit. In diesem Zusammenhang spielt auch das Kurzzeitgedächtnis eine Rolle: Man nimmt an, dass wir nur ein unvollständiges Abbild unserer Umgebung für das Kurzzeitgedächtnis aufbauen – und welches das ist, hängt wiederum von der selektiven Wahrnehmung ab. Unser Gehirn friert die erste Verkaufssituation am Eiswagen ein, wie ein Standbild oder ein Bühnenbild. Was dann passiert – die Eisauswahl, der Bezahlvorgang –, steht so stark im Vordergrund, dass wir die Veränderungen im Hintergrund nicht wahrnehmen. Wer das mal für sich ausprobieren möchte, kann auch hier gucken: www.youtube.com/watch?v=vJG698U2Mvo

Es gibt noch eine weitere Antwort auf die Frage, was und wie wir filtern, wie wir wahrnehmen: Wir nehmen das wahr, was wir kennen. Kleine Kinder erkennen auf dem besagten Bild das Liebespaar nicht – sie sehen nur die Delfine. Denn die Liebesszene ist ihnen unbekannt. Sie sehen dort höchstens eine nackte Mama – die haben sie schon einmal gesehen und können sie deshalb erkennen. Das, was wir kennen, rückt immer in den Vordergrund. Ohne dass wir es merken, wählen wir aus, was wir sehen und was nicht. Deshalb spricht man auch von einer selektiven Wahrnehmung. Auswahlkriterium ist dabei immer die Bedeutung, die etwas für uns hat, damit wir in unserer Kultur gut zurechtkommen.

Und was das ist, bringen uns unsere Eltern bei. Sie sagen uns und leben uns vor: Darauf musst du achten, hiervor musst du dich hüten, hierauf kannst du vertrauen. So musst du dich benehmen, damit du in der Welt zurechtkommst. Unsere Eltern sind die ersten Vermittler zwischen uns und der Kultur, in der wir leben. Natürlich sind dabei die Gewichtungen in Deutschland anders als beispielsweise in Japan. Was wir wahrnehmen, hängt auch davon ab, in welche Kultur wir hineingeboren werden. Und hier gelten nach wie vor für Mädchen andere Muster als für Jungen. Olga hat erzählt, wie sie vor ihrem Physikstudium den Meisterkurs für Bratsche in St. Petersburg absolviert hat und in dieser Zeit von ihrer Großmutter noch einmal in die russische Kultur und deren Normen eingeführt wurde. Einerseits musste Olga lernen, wie sie den perfekten Borschtsch kochte, und andererseits war sie auf dem Sprung zur Unabhängigkeit und auf dem Weg ins anspruchsvolle Physikstudium. Was für ein Spagat!

Auch bei uns ist es noch gar nicht so lange her, dass Mädchen ganz offensichtlich andere Vorgaben bekamen als Jungs. Trotz der großen Tatkraft der Frauen in den Nachkriegsjahren galten für die heranwachsenden Mädchen in den 50er und 60er Jahren Zurückhaltung und Bescheidenheit als wesentliche Tugenden. Nur nicht zu laut sein. «Mädchen, die pfeifen, und Hühnern, die krähen, soll man beizeiten die Hälse umdrehen» – das war ein gängiger Spruch damals. Eigentlich unglaublich. Viele von uns haben auch noch in späteren Jahren Sprüche ins Poesiealbum geschrieben bekommen, die in eine ähnliche Richtung zielten: «Blüh wie das Veilchen im Moose, sittsam, bescheiden und rein, und nicht wie die stolze Rose, die immer bewundert will sein.» Selbst wenn wir heute darüber lachen können, wirken solche Sätze oftmals unter der Oberfläche weiter.

«Oh ja, das kenne ich!», ruft Dagmar, die Lehrerin. Sie kann sich kaum zurückhalten. «Während meines Studiums musste ich arbeiten. Unterstützung von meiner Familie hatte ich ja keine. Ich war auf das Geld aus meinen Nebenjobs echt angewiesen, um meine Miete zahlen zu können. Und trotzdem habe ich mich bei Gehaltsverhandlungen enorm schwergetan. Mein damaliger Mitbewohner konnte das gar nicht verstehen, der hatte solche Probleme nicht. Ich habe damals für ein Nachhilfeinstitut gearbeitet. Es fing mit einzelnen Stunden an, dann wurde ich recht schnell gefragt, ob ich die Hausaufgabenbetreuung für rund 20 Kinder aus verschiedenen Schulen leiten wollte. Natürlich wollte ich! Zu Beginn war ich stundenweise bezahlt worden. Und jetzt sagte der Institutsleiter: ‹Nennen Sie uns doch mal Ihre Gehaltsvorstellung.› Da habe ich rumgerechnet und überlegt, wie kriege ich das hin, jeden Nachmittag zu arbeiten, trotzdem noch genug Zeit für die Uni zu haben und meine Kosten decken zu können. Ich habe dem Leiter schriftlich eine Summe genannt, die mir recht hoch erschien. Und dann hat der sich drei Wochen lang nicht zurückgemeldet. Sofort bin ich unsicher geworden, habe die Stimme meiner Mutter gehört: ‹Wer unbescheiden ist, bekommt gar nichts.› Ich habe gedacht, bestimmt wollen die nichts mehr mit mir zu tun haben, weil ich zu viel Geld verlangt hab. Obwohl ich eigentlich wusste, dass ich den Stoff gut erklärte, und die Schüler, die ich betreute, deutlich bessere Leistungen zeigten, wirkte dieser Spruch. Ich war echt fertig und konnte nachts nicht schlafen. Und dann lag es schlicht an den diversen Absprachen, die für die Verzögerung verantwortlich waren. Bis an Schulen irgendetwas entschieden wird, dauert es halt. Die haben sich über meine Existenzsorgen ja keine Gedanken gemacht. Zum Schluss haben sie meine Gehaltsvorstellung ohne Murren akzeptiert – all meine schlaflosen Nächte waren umsonst.»

Etwas, das Dagmar als Kind gelernt hat, ließ sie nicht zur Ruhe kommen. Sie dachte: Die wollen nichts mehr mit mir zu tun haben, weil ich zu dreist war. Auch das war eine Kindheitserfahrung – die Eltern reden nicht mit mir, wenn ich frech oder unbescheiden war.

Von außen betrachtet, erscheint es oft merkwürdig, wie stark solche Sentenzen ein Leben lang wirken können. Jemand anderem, einem jüngeren Mann beispielsweise, wäre womöglich in derselben Situation ein ganz gegensätzlicher Satz eingefallen: «Dreist gewinnt.» Das ist eine völlig andere Grundannahme. Und sie verändert die Situation komplett.

Susanne meldet sich zu Wort. Sie seufzt und sagt: «Ich kenne das auch so gut! Diese Erwartung, dass man als Mädchen, als Frau immer bescheiden sein soll. Bei uns zu Hause war das ganz stark so. Obwohl ich ja einer anderen Generation angehöre. Vor allem meine Mutter sagte immer: ‹Susanne, nun lach doch nicht so laut! Und jetzt iss doch nicht so viel. Musst du dich jetzt wieder in den Vordergrund spielen?› Einer ihrer Sprüche war ‹Bescheidenheit ist eine Zier›. Immer sollte ich mich zurückhalten. Und der Witz war: Für meine Brüder galt das nicht. Wenn die bei Süßigkeiten zum Beispiel ordentlich zulangten oder laut und fordernd wurden, hat das niemanden gestört. Ich weiß noch, wie ungerecht ich das fand. Deshalb habe ich mir als Kind auch die Haare ganz kurz schneiden lassen und nur noch Hosen getragen, weil ich ein Junge sein wollte. Denn ich spürte, die hatten es einfach besser!»

Susannes Beispiel zeigt ebenfalls, wie prägend Erwartungshaltungen der Eltern sein können. Wenn man mit solchen Sätzen bereits in der Kindheit konfrontiert wird, fällt es doppelt schwer, irgendwann von sich zu sagen: «Das kann ich richtig gut», oder: «Ich bin stolz auf meine Arbeit.» Bescheidenheit ist eine Zier – das galt lange Zeit für Frauen. Stolz sein auf Erreichtes – das war Männersache.

«Wer unbescheiden ist, bekommt gar nichts» ist eine klassische sogenannte Grundannahme. Wenn man von der heutigen Zeit aus auf diese und ähnliche Aussagen schaut, muten sie eher seltsam an – für junge Mädchen von heute gelten sie zum Glück nicht mehr, zumindest nicht in demselben Maße. Für Mädchen damals waren sie normal, im wahrsten Sinne des Wortes, sie entsprachen der gesellschaftlichen Norm.

Grundannahmen über uns selbst und die Welt sind per se erst einmal nichts Schlechtes. Sie steuern unsere Wahrnehmung und ermöglichen auch in hochkomplexen Zusammenhängen rasches Entscheiden und Handeln. Ohne diese Reduktion von Komplexität würde bei uns Menschen, die wir zur Wahrnehmung vieler verschiedener Arten von Reizen imstande sind, eine Reizüberflutung auftreten, sodass die aus der Umwelt auf uns einströmenden Informationen nicht oder nicht mehr sinnvoll verarbeitet werden können. Grundannahmen geben also erst einmal Orientierung und Handlungsanweisung in unsicheren Situationen. Sie bieten Halt in dieser komplexen Welt, sind durchaus sinnvolle Filtersysteme, die wir im Laufe unseres Lebens entwickelt haben. Und ausschlaggebend für die Art dieser Filter ist die Kultur, in der wir leben; zunächst vermittelt durch unsere Eltern und später durch unseren Freundeskreis sowie die unmittelbaren und mittelbaren gesellschaftspolitischen und persönlichen Erfahrungen und deren Bedeutung, die diese für unser Leben gehabt haben oder immer noch haben.

Da die von uns entwickelten Grundannahmen u. a. auf den Erfahrungen und Belehrungen anderer basieren, denen wir vertraut und Glauben geschenkt haben, spricht man in diesem Zusammenhang oftmals auch von Glaubenssätzen.

Grundannahmen sind Überzeugungen über uns selbst und darüber, was in der Welt um uns herum möglich ist. Sie sind weder gut noch schlecht, sondern innerhalb eines bestimmten Kontextes mehr oder weniger nützlich. Sie vereinfachen unser Leben und geben ihm Sinn und Bedeutung. Grundannahmen beeinflussen unsere Wahrnehmung und damit auch unser Handeln nachhaltig. Je besser wir damit durchs Leben kommen, desto überzeugter sind wir von deren Richtigkeit, und desto mehr neigen wir dazu, sie zu verallgemeinern. Dadurch merken wir allerdings nicht mehr, dass sie nur *eine* Möglichkeit der Weltwahrnehmung sind. Die zuvor thematisierte Bescheidenheit zum Beispiel ist ja an sich durchaus eine Tugend. Die Frage ist nur, warum diese eigentlich exklusiv für das weibliche Geschlecht gelten soll.

Möglicherweise stimmen Grundannahmen auch bisweilen schlicht und einfach nicht, weil sie zum Beispiel aus einer einzelnen Situation abgeleitet und dann verallgemeinert worden sind. Sätze wie «Ich war noch nie jemand, die …» oder «Ich konnte schon als Kind nicht …»

können uns daran hindern, bestimmte Wege einzuschlagen.

Konflikte entstehen, wenn die eigenen Grundannahmen nicht mehr zu den veränderten Verhältnissen oder den Grundannahmen anderer passen, mit denen wir kooperieren wollen. Dann kann es sein, dass unsere Grundannahmen dysfunktional werden.

Was passieren kann, wenn die Wahrnehmung der Welt nicht mehr passt, möchte ich anhand einer persönlichen Erfahrung illustrieren. Wir sind als Familie mit vier Kindern einmal von Norddeutschland aus mit dem VW-Bus in den Urlaub Richtung Süden gefahren. Es ging abends los, damit die Kinder im Auto schlafen konnten. Wir nutzten die Nacht, um Strecke zu machen, wechselten uns am Steuer ab. Morgens um halb fünf – inzwischen waren wir in Österreich – übernahm ich das Steuer: Ein wunderbarer früher Morgen, die pittoreske Landschaft zog am Autofenster vorbei. Der Rest der Familie schlief. Die Sonne ging auf und fing an, hell zu scheinen. Da sah ich am Straßenrand einen Warnhinweis auf einen 25 Kilometer langen Tunnel: «Achtung, vorsichtig fahren! Licht einschalten!» Als ich in den Tunnel kam, schaltete ich also das Licht ein, wechselte auf die rechte Spur und fuhr langsamer. Doch nach 100 Metern im Tunnel wunderte ich mich, wie stockfinster es war. Ich fragte mich, wieso dieser 25 Kilometer lange Tunnel derart schlecht beleuchtet war. Und dann merkte ich, dass zahlreiche andere Autofahrer mich überholten und schneller fuhren als ich. Ich verstand nicht, wie man in dieser Dunkelheit so rasen konnte, selbst wenn man die Strecke kennt. Wie unverantwortlich! Immer wieder prüfte ich das Licht, doch ich hatte es eingeschaltet. Ich war verunsichert und kurz davor, meinen Mann zu wecken und vorzuschlagen, eine Werkstatt anzufahren, da offensichtlich etwas mit der Elektronik des Wagens nicht stimmte. Ich war hochgradig gestresst, fuhr extrem angespannt durch diesen Tunnel. Als ich endlich Licht an dessen Ende sah, konnte ich wieder eine normale Geschwindigkeit aufnehmen. Und nach ein paar hundert Metern begriff ich dann, was los war. Ich hatte meine Sonnenbrille aufgelassen. 25 Kilometer lang war ich mit Sonnenbrille durch den Tunnel gefahren.

Die Sonnenbrille hatte einen wichtigen, sogar lebenswichtigen Filter dargestellt – bei Sonnenaufgang frühmorgens im Gegenlicht. Doch dann änderten sich die Umstände. Ich kam vom Sonnenlicht in den Tunnel. Nun wurde der Filter, der vorher ideal war, richtig gefährlich. Ich hatte nicht gemerkt, dass ich die Sonnenbrille trug, weil sie mir zuvor – vor dem Tunnel – extrem gute Dienste geleistet hatte, unverzichtbar gegen die blendende Sonne, und deswegen Teil meiner eigenen Person geworden war. Ich hatte diesen Filter nicht bedacht, sondern die Ursache der Dunkelheit ständig in der Außenwelt gesucht, beim Auto, bei den österreichischen Tunnelkonstrukteuren und den anderen Autofahrern. Ich kam nicht auf die Idee, den Fehler bei mir selbst zu suchen, mich zu fragen: Sehe ich die Welt vielleicht durch einen Filter? Und wenn ja, durch welchen?

Wenn in dieser Situation eine meiner Töchter im Auto vorn neben mir gesessen und ebenfalls eine Sonnenbrille getragen hätte, wären wir uns einig gewesen: bloß vorsichtig fahren in Österreich, die beleuchten ihre Tunnel nicht. Da ist es stockdunkel, und die rasen wie die Verrückten. Wären die anderen wach gewesen und hätten ebenfalls eine Sonnenbrille getragen, wären sich sogar sechs Leute einig gewesen: enorm gefährlich, durch österreichische Tunnel zu fahren. Wenn wir alle den gleichen Filter haben, nehmen wir alle das Gleiche wahr. Dann sind wir uns einig und fühlen uns wohl als Gruppe, denn wir können einander bestätigen: So ist die Welt. Hätte meine Tochter auf dem Beifahrersitz aber keine Sonnenbrille getragen, dann hätte sie womöglich zu mir gesagt: «Mama, wie fährst du denn, das ist ja oberpeinlich, die überholen uns alle. Das staut sich schon hinter uns, kannst du nicht mal schneller fahren?» Und ich hätte erwidert: «Ich fahre doch nicht schneller, bist du verrückt? In diesem finsteren Tunnel, mit dieser kostbaren Fracht?» Meine Tochter hätte gesagt: «Es ist nicht dunkel!» und ich: «Doch. Stockdunkel!» Wir hätten uns gestritten.

Das ist der Klassiker: Unterschiedliche Filter führen zu einer unterschiedlichen Wahrnehmung und infolgedessen zu einer unterschiedlichen Einschätzung der Situation.

«Könnte es denn dann auch sein, dass meine Familie einfach eine andere Brille aufhat, wenn ich die prallvolle Mülltüte neben die Eingangstür stelle?», wirft Birte ein – großes Gelächter. «Das kenne ich», erwidert Silke, «dabei ist doch sonnenklar, was mit der passieren soll! Aber nein, alle anderen steigen seelenruhig über die Tüte hinweg, niemand kommt auf die Idee, den Müll mit rauszunehmen und ihn in die Tonne zu werfen! Ich bin dann immer total sauer. Denn ich habe die Tüte ja schon mühsam aus dem Eimer rausgepfriemelt. Es ist mir echt unbegreiflich, wie man die nicht sehen kann!»

Jede und jeder filtert die Umgebung eben auf eigene Weise, der eine hat beim Verlassen der Wohnung vielleicht nur sein Fußballtraining im Sinn, die Nächste ist verabredet, muss zum Bus und hat es eilig. Deshalb sehen beide die volle Mülltüte nicht. Von Missachtung keine Spur, es ist nur jeweils ein anderer Fokus, ein anderer Ausschnitt dieser komplexen Welt. Was in solch einer Situation hilfreich ist: schlicht und einfach kommunizieren. Ohne sich aufzuregen, ohne zu bewerten. Einfach nur sagen: «Würdest du bitte den Müll mitnehmen?» Dann wäre die Information da. Dann klappt das. Meistens.

Wenn bei dieser Tunnelfahrt meine Tochter ohne Sonnenbrille neben mir gesessen, sich mir zugewandt und dann gemerkt hätte: «Aber Mama, du hast ja deine Sonnenbrille auf!», dann hätte ich die notwendige Information bekommen, um mein Verhalten zu ändern, und hätte die Brille abnehmen können. Das heißt, oftmals brauche ich die Information von außen, den anderen Blickwinkel. Dieser kann hilfreich sein, um den eigenen Filter zu verändern und der jeweiligen Situation anzupassen. Dann wird das Leben leichter.

Wir können also davon ausgehen, dass wir alle unsere ganz eigenen Landkarten und Brillen haben, mit denen wir durch die Welt spazieren. Und solange wir damit zurechtkommen, ist auch alles gut so. Überprüfen müssen wir unsere Grundannahmen nur dann, wenn es anfängt, anstrengend zu werden, oder wir uns vielleicht sogar verlaufen.

Dagmars Beispiel mit der Gehaltsverhandlung zeigt die Wirksamkeit einer solchen Grundannahme. Gerade wenn sie in einer so sensiblen Phase wie dem emotional herausfordernden Übergang von der Kindheit ins Erwachsenenleben gesetzt wird, kann sie bisweilen jahrzehntelang wirken. Denn das ist eine Phase, in der wir unsicher und beeinflussbar sind, in der sich unsere Persönlichkeit erst noch finden muss.

Selbstverständlich hat sich unsere Gesellschaft seit den 50er Jahren gewandelt, vor allem, was die Geschlechterrollen anbelangt, doch noch immer boomen Seminare, in denen vor allem Frauen lernen, Gehälter bzw. Honorare zu verhandeln, weil der Glaubenssatz der Bescheidenheit fortwirkt. Viele Frauen müssen auch heute noch lernen, ihre Bescheidenheit im Beruf beiseitezuschieben und zu sagen: «Ich bin das gute Gehalt wert, weil ich eine hervorragende Arbeitsleistung erbringe.» So eine Aussage von Frauen war lange gesellschaftlich verpönt.

Hinzu kommt, dass in unterschiedlichen Lebensbereichen unterschiedliche Werte von Bedeutung sind. Im Privaten können Bescheidenheit und Rücksichtnahme ja durchaus eine Tugend sein. Wer privat Gäste zum Essen einlädt, wird den knackigen Salat aus ökologischem Anbau, die hochpreisigen Biotomaten und die Markenpasta wählen. Aus den leicht angematschten Tomaten kocht man höchstens für sich selbst noch eine Soße. Und den Salat vom Vortag bietet man den Gästen nicht an – das ist das Wertesystem im Privaten. Im Beruflichen gilt allerdings ein anderes Wertesystem. Denn in der Marktwirtschaft geht es um Gewinn machen und Gewinnenwollen. Wer beispielsweise auf dem Markt Tomaten und Salat vom Biohof verkaufen will, braucht entsprechende Einnahmen, um die Mitarbeitenden bezahlen zu können. Deshalb würden Marktstandbetreiber vielleicht schon mal den Salat mit Wasser besprühen, damit er frischer aussieht, und einem Kunden zwei vollreife Tomaten mit kleinen braunen Stellen mit in die Tüte packen. Nicht zu viel, denn man will ja auch niemanden vergraulen.

Nun werden Frauen nach wie vor stärker auf das Wertesystem sozialisiert, das im Privaten gilt: auf Rücksichtnahme, Hilfsbereitschaft und Bescheidenheit, darauf, anderen den Vortritt zu lassen. Und Männer nach wie vor stärker auf das Wertesystem der Marktwirtschaft. Jungen wird immer noch eher beigebracht, sich durchzuboxen, sich zu bewähren, Konkurrenz zu suchen und vor allem auch auszuhalten. Schön ist das für die Jungen zwar auch nicht immer, doch das steht auf einem anderen Blatt. Nehmen wir nur mal den Fußball, den Jungen weitaus häufiger spielen als Mädchen. Beim Fußball darf man foulen, das ist in Ordnung. Foulen gehört zum Spiel dazu. Man darf sich nur nicht dabei erwischen lassen. Kein Spieler muss ein schlechtes Gewissen haben, wenn er foult. Der Schiedsrichter darf es bloß nicht mitkriegen. Konkurrenz, das Durchsetzen der eigenen Interessen, ist für Männer in den seltensten Fällen negativ besetzt. Und auch in der Wirtschaft gilt: Konkurrenz belebt das Geschäft.

Machen wir uns in dem Zusammenhang auch klar, dass es keine absoluten Werte gibt, die immer und überall gleichermaßen gelten. Zum Beispiel gilt Ehrlichkeit als hoher Wert. Höflichkeit ebenso. Ehrlichkeit hat allerdings da ihre Grenze, wo man beginnt, unhöflich zu werden. Und Höflichkeit hat da ihre Grenze, wo man beginnt, unehrlich zu werden. Es kommt also ganz darauf an, in welcher Situation man sich gerade befindet.

Bei Ehrlichkeit und Höflichkeit haben wir in der Regel ein feines Gespür dafür, was gerade eher angesagt ist. Manche Werte und die damit verbundenen Glaubenssätze sind aber so tief in uns verankert, dass wir sie kaum in Frage stellen. Auch vielen heutigen Frauen wurden in der Kindheit immer noch mit Nachdruck die Werte des Privaten vermittelt. Wenn sie diese stark verinnerlicht haben, dann verhalten sie sich eben auch im Beruf bescheiden, fürsorglich und hilfsbereit: Sie machen Überstunden für die Kollegen, sagen: «Lass mal, ich erledige das schon für dich.» Sie verausgaben sich für andere – wie sie es im Privaten vielleicht auch tun, weil sie meinen, es werde von ihnen erwartet. Sie machen sich nicht klar, dass in der beruflichen Sphäre das Sich-um-andere-Kümmern gar nicht ihre primäre Aufgabe ist und im Privaten vielleicht auch nicht unbedingt immer. Es besteht die Gefahr, dass sie sich verzetteln. Im Beruf sollten sie jedenfalls auf bestmögliche Weise den Job erledigen, für den sie bezahlt werden, und nicht etwa die Arbeit der Kollegen tun. Das fällt uns Frauen oft schwer, weil wir darauf nicht vorbereitet sind. Lieber meiden wir dann Konflikte, stecken eher zurück, wo wir vielleicht nach vorne preschen sollten. Und geraten dann unter Druck, weil wir sowohl sozial und hilfsbereit als auch tüchtig und engagiert sein wollen. Beides in gleichem Maße umzusetzen ist bei der zunehmenden Arbeitsverdichtung häufig nicht zu schaffen.

Männer sind dagegen stärker auf den Wettbewerb und das Gewinnenwollen vorbereitet. Da werden im Beruf auch schon mal eher die Ellenbogen ausgefahren, als dass man für den Kollegen noch Überstunden macht. Schwierig wird es, wenn Männer dieses im Beruf eingeübte, konkurrenzbetonte Verhalten dann auch im Privaten zeigen. Das kann dann wiederum zu Konflikten und Missverständnissen mit den Frauen führen. Also: Immer schön daran denken, wo man sich gerade befindet. Wenn ich vom Privaten in die Welt der Arbeit komme oder umgekehrt, muss ich eventuell die Brille wechseln. Ich muss mich fragen: Wo bin ich gerade, worauf muss ich hier besonders achten?

Komplizierterweise mischen sich die Bereiche bisweilen, zum Beispiel in sozialen Berufen. Hier gelten gleichzeitig sowohl die Werte des Privaten als auch die der Marktwirtschaft. Wenn man die Existenz dieser verschiedenen Wertesysteme im Hinterkopf hat, wird auch deutlich, dass das Vermischen von Privatem und Beruflichem, das ja ausgehend von Start-ups in immer mehr Unternehmen üblich wird, problematisch sein kann.

Gerade in jungen, digital orientierten Unternehmen,

aber auch vermehrt in größeren Firmen, verwischen die Grenzen zwischen Arbeit und Freizeit zusehends: Da gibt es die wöchentliche Tischkickerrunde mit dem Geschäftsführer, den von Personalleiterin und Justitiar angeführten Teamlauf oder die frühmorgendliche Yogagruppe, Aerobic-Kurse, einen Massageservice, den Blutdruckcheck am Gesundheitstag, den gut ausgestatteten Fitnessraum. Außerdem ständig irgendwelche Teamevents, gern auch am Wochenende. Oft wird firmenintern erwartet, dass die Mitarbeiterinnen und Mitarbeiter diese Angebote ausgiebig nutzen. Es herrscht eine Art Gruppenzwang. Und oft wundern sich die Verantwortlichen in den Unternehmen, dass das nur zögernd geschieht. Doch hier überlagern sich zwei Wertesysteme. Deshalb können solche Angebote und Events in der Firma eher Stress erzeugen als ihn abbauen. Vielleicht möchte ich als Mitarbeiterin gar nicht, dass alle in der Firma von meinen Knieproblemen wissen, und finde, es geht niemanden etwas an, wie schnell ich die Treppe laufe oder wie hoch mein Blutdruck ist. Das ist eigentlich Privatsache. Doch dadurch, dass diese privaten Angelegenheiten im beruflichen Bereich an Bedeutung gewinnen, muss ich mich in einem Zwischenbereich des Wertesystems orientieren. Das stresst mich. Viel sinnvoller wäre es, die Mitarbeitenden pünktlich Feierabend machen zu lassen. Eine strikte Trennung zwischen Arbeit und Freizeit ist gesünder und stressfreier als die Sportgruppe am Arbeitsplatz. Ich möchte doch auch noch soziale Kontakte und Freunde außerhalb der Firma haben; und falls ich den Arbeitsplatz verliere oder ihn wechsle, geht mir gleichzeitig auch noch meine Yogagruppe verloren.

Es ist hilfreich, sich in Erinnerung zu rufen: Das ist jetzt hier Arbeit, da gilt dies. Und zu Hause läuft es anders, da gilt das. Dienst ist Dienst, und Schnaps ist Schnaps.

Leider merken wir manchmal nicht, wenn unsere Karte einen kleinen Fehler hat oder wir die falsche Brille aufhaben. Dafür brauchen wir den Vergleich mit den anderen.

Und das ist jetzt die nächste Aufgabe. Exemplarisch zum Thema Arbeit wollen wir schauen, welche Überzeugungen dazu in unseren Köpfen herumschwirren. Dafür gibt es einen Fragebogen mit lauter Satzanfängen zum spontanen Vervollständigen. Manche dieser Überzeugungen fallen uns vermutlich schon spontan ein: «Erst die Arbeit, dann das Vergnügen» oder «Ohne Fleiß kein Preis». Vermutlich merken wir, dass diese Sinnsprüche nicht immer gut funktionieren: Da gibt es die Kollegin, die längst nicht so fleißig ist wie man selbst und die zudem noch pünktlich geht, auch wenn noch gar nicht alles fertig ist. Gemeinerweise ist die nun auch noch beliebter und bekommt mehr Beachtung und vielleicht sogar eine kleine Beförderung. Das ist bitter und erzeugt Stress.

Und was machen wir bei Stress? Wir experimentieren nicht mehr, sondern tun das, was immer funktioniert hat. Wir werden also noch fleißiger und selbstloser.

Hier muss sich also was ändern. Und damit legen wir jetzt los.

Zum Selbermachen: Meine Grundannahmen

Der untenstehende Fragebogen befasst sich mit deinen Grundannahmen zum Thema Arbeit. Vervollständige die Satzanfänge ganz spontan. Es geht dabei nicht um richtig oder falsch, sondern darum, das zu notieren, was dir als Erstes einfällt. Wenn du mehr Platz brauchst, nimm einen Extrazettel. Wir wollen diese Sätze wie mit einem Kescher einfangen und betrachten. Nach dem Ausfüllen überlege dir: Welcher Satz nervt besonders? Das ist dann dein Merk- oder auch Treibersatz. Als Beispiel mag hier dienen: «Erst die Arbeit, dann das Vergnügen.» Dieser Satz kann einerseits hilfreich sein. Denn wenn du ihn im Hinterkopf hast, schaffst du eine Menge weg. Andererseits aber stellst du vielleicht fest, dass du gar nicht mehr zu deinem Vergnügen kommst, weil es immer etwas zu tun gibt: Die Ablage im Büro will schließlich gemacht und die Fenster wollen ebenfalls geputzt sein. Wenn immer erst die Arbeit kommt, dann kommst du gar nicht mehr zum Vergnügen. In einem zweiten Schritt gilt es deshalb, diesen Merk- oder Treibersatz zu verändern, und zwar so, dass du ihn auch glauben kannst. Ihn einfach umzudrehen, also zu sagen «Erst das Vergnügen, dann die Arbeit», wird dir vermutlich nicht einleuchten. Versuche, deinen Treibersatz so zu verändern, ihn so zu drehen, dass er für dich stimmig ist. Auch hier ist es hilfreich, eine empathische und vertraute Person hinzuzuziehen, die dir beim Drehen des Satzes hilft. Lass diese Person ebenfalls den Fragebogen ausfüllen und tausche dich dann mit ihr darüber aus. Frage sie: Was hast du beim ersten, zweiten, dritten Satz geschrieben? Komme darüber mit ihr ins Gespräch. Das Verändern von teilweise dysfunktional gewordenen Überzeugungen kann auch im Freundeskreis viel Spaß machen.

Einfach spontan vervollständigen:

1. Wer viel Arbeit hat, ist ...

....

2. Arbeit macht ...

....

3. Arbeit ist ...

....

4. Um gut zu arbeiten, muss ich ...

....

5. Gute Arbeit kann man nur bekommen, wenn ...

....

6. Mein Vater denkt über Arbeit ...

....

7. Meine Mutter denkt über Arbeit ...

....

8. In meinem Elternhaus sagte man über Arbeit ...

....

9. Meine Eltern sagten, ich soll folgendermaßen mit Arbeit umgehen ...

....

10. Gott hält Arbeit für ...

....

11. Meine beste Freundin, mein bester Freund hält Arbeit für ...

....

12. Wenn ich mehr arbeiten würde als mein Partner oder meine Partnerin, würde er oder sie sagen ...

....

13. Wenn ich mehr arbeiten würde als mein Partner oder meine Partnerin, würden meine Nachbarn sagen ...

....

14. Mit guter Arbeit würde ich ...

....

«Ohne Arbeit bist du nichts!»

Auch die Seminarteilnehmerinnen füllen den Fragebogen aus, bei manchen geht es ganz flott, manche brauchen etwas mehr Zeit. Anschließend tauschen sie sich in kleinen Gruppen über ihre Antworten aus, und jede fischt bei sich einen Satz heraus, der für sie nicht mehr richtig funktioniert, der dysfunktional geworden ist. Gemeinsam wird der alte Satz in einen neuen verwandelt, der stimmiger ist und das Leben leichter macht.

Sonderpädagogin Birte hat schnell die Arbeitseinstellung ihrer Mutter identifiziert: «Meine Mutter hat über Arbeit immer gesagt, dass sie leicht von der Hand gehen soll. Ich höre sie noch: ‹Ach, das ist doch schnell erledigt, das bisschen Haushalt macht mir keine Mühe. Und im Kindergarten arbeite ich doch so gern! Gib das mal her, ich mach das mal eben – nein, nein, ich bin nicht müde.› Für sie war das vielleicht wirklich so. Aber ich merke jetzt, dass ein 30-Stunden-Job in leitender Position und drei Kinder mir eben nicht leicht von der Hand gehen. Und ich habe immer alles allein gemacht. Wie meine Mutter. Aber das ist mir zu viel! So schön das mit meiner Mutter war: Ich fühle mich von dieser Arbeitseinstellung getrieben. Ich muss meinen Mann zu Hause mehr einbeziehen, sonst klappe ich zusammen. Oder wir brauchen bezahlte Hilfe. Deswegen haben wir meinen Satz folgendermaßen gedreht: ‹Viele Hände machen der Arbeit schnell ein Ende.› Das fühlt sich gleich völlig anders an und erlaubt mir, Hilfe zu holen, egal woher.»

Verkäuferin Tanja sagt: «Bei mir war es auch ein Satz meiner Mutter, der mich am meisten genervt hat: ‹Ohne Arbeit bist du nichts.› Wenn ich drüber nachdenke, eigentlich ein schrecklicher Satz. Der klingt so vernichtend. Ich bin doch auch jemand, wenn ich am Feierabend auf dem Sofa sitze, lese und meine Katze streichle. Das Leben besteht doch nicht nur aus Arbeit. Deshalb haben wir den Satz so verändert: ‹Ob bei der Arbeit oder in meiner freien Zeit – immer bin ich Jemand.›»

Silke, die Krankenschwester, hat beim Ausfüllen des Fragebogens an ihren Sportlervater gedacht. Dessen Sprüche hat sie noch gut im Ohr: «Jetzt hab dich nicht so! Beiß die Zähne zusammen!» «Ich soll mich nicht haben?», fragt Silke sich jetzt nachdenklich. «Mich selbst nicht? Was soll denn das eigentlich heißen? Mich selbst habe ich doch immer. Irgendwie ein monströser Satz. Wir haben ihm die Härte genommen und daraus gemacht: ‹Hab dich selbst und hab dich lieb. Allezeit.›»

Die Werkstoffprüferin Susanne sagt: «‹Erst die Arbeit, dann das Vergnügen› – diesen Satz führten meine Eltern immer im Mund. Bei mir ist es wirklich oft so: Vor lauter Arbeit und Pflichten komme ich nicht mehr zum Vergnügen. Deshalb lautet mein neuer Satz jetzt so: ‹Arbeit und Vergnügen – beides hat seine Zeit – und wann was dran sein soll, entscheide ich!› Das finde ich gut: Jetzt bestimmt nicht mehr die Arbeit über mein Leben und treibt mich voran, sondern ich bin die Bestimmerin.»

Bei der Lehrerin Dagmar kommt der Treibersatz nicht aus dem Elternhaus. Sie sagt: «Ich bin selbst so drauf, dass ich sage: ‹Arbeit ist das halbe Leben.› Jahrelang habe ich meine ganze Energie in Studium und Beruf gesteckt. Da kommt natürlich auch viel zurück, ich bin ja erfolgreich. Aber wenn ich mir meinen Merksatz so angucke, dann muss ich doch feststellen, ich habe ihn nie wirklich beherzigt. Arbeit ist eben nur das halbe Leben, nicht das ganze. Was ist mit der anderen Hälfte? Deshalb habe ich meinen Satz jetzt erweitert, um mich daran zu erinnern: ‹Arbeit ist das halbe Leben, sie regt an und macht Freude, aber auch freie Zeiten in meinem eigenen Rhythmus, beim Sport und mit anderen zusammen, gehören zu einem guten Leben.›»

Die Physikerin Olga sagt nachdenklich: «Bei mir kommt

der Treibersatz auch eher von innen. ‹Ohne Fleiß kein Preis›, das ist eigentlich mein Mantra. Ich habe schon ziemlich viele Nächte und Wochenenden in meine wissenschaftliche Arbeit investiert. Und Preise habe ich ja tatsächlich bekommen. Aber das Berufliche ist eben nicht alles, auch in der Wissenschaft. Vielleicht wollte ich das nicht hören, und mein Ohrgeräusch zeigt es mir jetzt. Jedenfalls haben wir den Satz so abgeändert: ‹Fleiß bringt Preise, aber Freunde und Lebenslust sind genauso Teil der Reise.›»

Selbstwirksamkeit

Der Fragebogen zum Thema Arbeit lässt sich thematisch variieren. Beispielsweise kann man den Begriff «Arbeit» durch «Wertschätzung» oder «Geld» ersetzen oder auch durch «Eine Frau ist …», «Ein Mann ist …, «Eine gute Mutter ist …», – zu all diesen Halbsätzen bzw. Themen haben wir Grundannahmen. Es kann sehr hilfreich sein, sich diese zu vergegenwärtigen. Die Beispiele der Seminarteilnehmerinnen zeigen, wie ein solcher Treibersatz, ein Glaubenssatz, uns im Leben richtiggehend behindern kann. Er hat in der Vergangenheit einen Zweck erfüllt. Aber jetzt hat er ausgedient und muss verändert werden. Wenn wir diesen Satz genau betrachten und uns überlegen, wie man ihn so drehen kann, dass er zu uns passt, hat man ein Verfahren, die eigene Sicht auf die

Welt zu ändern und auf diese Weise selbstwirksam neue Entscheidungen zu treffen.

Das Konzept der Selbstwirksamkeitserwartung entwickelte der Psychologe Albert Bandura in den 1970er Jahren. Laut Bandura bezeichnet Selbstwirksamkeitserwartung die Einschätzung einer Person, aufgrund eigener Kompetenzen gewünschte Handlungen erfolgreich selbst ausführen zu können. Ein Mensch, der daran glaubt, selbst etwas bewirken und auch in schwierigen Situationen selbständig handeln zu können, hat demnach eine hohe Selbstwirksamkeitserwartung. Vergleichbar ist sie der Handhabbarkeit, die wir schon bei der Salutogenese kennengelernt haben: Es ist die Gewissheit, als Person gezielt Einfluss auf die Welt um mich herum nehmen zu können, statt äußere Umstände, andere Personen, Zufall, Glück oder weitere unkontrollierbare Faktoren als ursächlich anzusehen.

Untersuchungen zeigen, dass Personen mit einem starken Glauben an die eigene Kompetenz größere Ausdauer bei der Bewältigung von Aufgaben, eine niedrigere Anfälligkeit für Angststörungen und Depressionen und mehr Erfolge in Ausbildung und Berufsleben aufweisen. Eine hohe Selbstwirksamkeitserwartung, das Gefühl von Handhabbarkeit, hält also gesund. Dabei verstärken Selbstwirksamkeitserwartung und Handlungsergebnisse einander oft: Eine hohe Selbstwirksamkeitserwartung führt zu hohen Ansprüchen an die eigene Person, weshalb man eher anspruchsvolle, schwierige Herausforderungen sucht. Eine gute Leistung bei diesen Herausforderungen führt dann wieder zur Bestätigung bzw. Erhöhung der eigenen Selbstwirksamkeitserwartung – so ergibt sich ein zirkulärer Effekt. Diesen griffen Edwin Locke und Gary Latham Anfang der 90er Jahre auf und überführten ihn in den sogenannten *high performance cycle*.

Entspannungsübung: Vorstellungsbilder

Mach es dir an einem ruhigen Ort bequem. Lege oder setze dich auf eine Matte oder eine dicke Decke oder wo immer es dir gut geht; es kann auch ein Stuhl oder Sessel sein. Wenn es möglich ist, ziehe deine Schuhe aus und lockere den Gürtel. Wo und wie auch immer: Lass es dir richtig gut gehen ... Wenn du magst, schließe die Augen ... Komm zu dir selbst und spüre, wie du daliegst, wie du dasitzt ... Nimm wahr, wie deine Unterlage, der Boden und durch alles hindurch die Erde dich trägt ... und genieße, wie du mit jedem Ausatmen mehr und mehr zur Ruhe kommst ...

Momente des Wohlbefindens

Ich möchte dich nun zu einer kleinen Reise einladen zurück an einen Ort und in eine Zeit, wo du dich ganz besonders wohl gefühlt hast. Das kann in der Freizeit gewesen sein oder im privaten Alltag, das kann aber auch genauso gut eine besondere Phase während der Arbeit betreffen.

Entscheidend ist lediglich, dass du dich in diesem Zusammenhang kraftvoll und zufrieden, vielleicht sogar glücklich gefühlt hast.

Vermutlich tauchen vor deinem inneren Auge gleich mehrere Situationen auf, die sich irgendwie überlagern. Das ist völlig in Ordnung. Pflücke sie ein wenig auseinander und betrachte sie einzeln. Dann entscheide dich für einen Zusammenhang, in den du jetzt für eine kleine Weile etwas tiefer eintauchen möchtest, und lass die anderen wieder absinken. Du hast ja die Gewissheit, dass du dir all die andern wunderbaren Erfahrungen jederzeit wieder hervorholen kannst.

Nun schau einmal, wo und in welcher Zeit du dich befindest:

Wie alt bist du? ... Und was kannst du sehen, wenn du dich umschaust? ... Bist du drinnen oder draußen? ... Wie ist das Klima? Was spürst du auf deiner Haut? Welche Temperatur nimmst du wahr? Gibt es einen Wind? Gibt es eine Berührung, und wenn ja, von wem? ... Was riechst du? ... Kannst du vielleicht sogar was schmecken? ... Und was hörst du? In der Nähe, in der Ferne? ...

Was tust du? Bist du ganz für dich in der Ruhe? Oder bist du in Bewegung? Bist du in Kontakt? Und wenn ja, mit wem oder mit was bist du im Austausch? ...

Wie fühlt sich diese wunderbare Situation noch für dich an? Ist das ein Gefühl von Lebendigsein, von Weite, von Kraft, von Gelöst- und gleichzeitigem Gesammeltsein? Ist das vielleicht auch ein Gefühl von Genau-richtig-Sein in diesem Moment? Ist das vielleicht Glück? ... Schau, wie du

dieses wunderbare Gefühl für dich noch beschreiben würdest …

Erlaube dir, dich davon durchfluten zu lassen, und nimm wahr, wie diese Kraft und dieses Wohlgefühl von damals dich auch heute noch erreichen …

Das ist ein Schatz, den du in dir trägst und den du jederzeit abrufen kannst …

Lass nun das Erlebte noch eine Weile in dir nachklingen … spüre, wie du daliegst oder dasitzt, und wenn du magst, lausche noch eine kleine Weile in den Raum hinein … Wenn du dich wieder ganz angekommen fühlst, atme einige Male sehr tief, dehne und rekele dich und komm komfortabel, vielleicht über eine Seite gerollt, wieder zum Sitzen. Halte das wohlige Körpergefühl, während du deine Augen öffnest und deine Aufmerksamkeit langsam wieder deiner Umgebung zuwendest.

Wieso Vorstellungsbilder entspannen

Ob wir etwas real mit unserem eigenen Körper erleben, es mit Abstand sehen oder hören oder ob wir es uns nur vorstellen: Das emotionale Empfinden und die damit verbundene physische Reaktion können nahezu gleich stark sein. Wir kennen das von einem Film, der uns zum Lachen und Weinen bringen kann, aber auch von einer

Geschichte, die uns jemand nur erzählt. Unser Gehirn scheint kaum einen Unterschied zwischen den verschiedenen Realitätsebenen zu machen.

Dieses unwillkürliche Geschehen können wir für unsere Entspannung nutzen, indem wir uns angenehme Situationen vorstellen. Wir können gedanklich in Wohlfühloasen eintauchen, uns an glückliche Momente erinnern, kraftvolle Erfahrungen herbeirufen. Immer wenn sich unser Geist in diese Situationen begibt, entfalten sich auch die dazugehörigen Gefühle, und unser Körper wird automatisch folgen.

Unsere schönen Erinnerungen, aber auch unsere Tagträume sind wahre Schätze für unser Wohlbefinden. Sie führen uns in einen Zustand der Entspannung und bringen uns mit Erfahrungen in Kontakt, in denen wir auf selbstwirksame Weise glücklich waren.

Zum Selbermachen: Das Ressourcenprofil

Wenn wir gestresst sind, ächzen wir unter dem Druck der täglichen Anforderungen: Wir haben das Gefühl, nur noch hinterherzuhetzen und keine Kraft mehr zu haben, das alles zu bewältigen. Wir spüren uns selbst zu wenig. Auch weil das Wesentliche, das, was uns Kraft gibt, im Alltag auf der Strecke bleibt. Diese Kraftquellen wollen wir jetzt ins Zentrum rücken. Denn jede und jeder von uns verfügt über Ressourcen, über besondere Fähigkeiten. Wir haben

Mittel, um zu handeln. Wir können sie nur oftmals nicht sehen: Wenn wir Stress haben, machen wir das Nächstliegende, das, was immer funktioniert hat. Deshalb ist es sinnvoll, in einer ruhigen Minute mal zu schauen, welche Ressourcen wir noch zur Verfügung haben, mit denen sich manche Probleme eventuell viel leichter lösen lassen könnten.

Deine Lieblingstätigkeiten und deine besonderen Fähigkeiten gehören dabei zu den Ressourcen, die du auf besonders leichte Weise zur Verbesserung deiner Lebenssituation einsetzen kannst.

Nimm dir für dein Ressourcenprofil einen oder mehrere Bögen Papier und viel Zeit. Beantworte die Fragen so, als wenn du über deine beste Freundin oder deinen besten Freund nachdenkst. Stell dir vor, wie du jemand anderem erzählst, was das für ein großartiger Mensch ist. Auf diese Weise kannst du wieder einen Zugang zu deinen eigenen innewohnenden Möglichkeiten bekommen, deine persönlichen Stärken und Erholungsstrategien erkennen, sie wertschätzen und sie nutzen.

Das kann auch ein schönes Spiel mit lieben Freunden sein, indem du den Bogen vollständig für jemand anderen ausfüllst und vielleicht sogar eine dritte Person ihn dann vorliest. Ihr könnt es sogar so machen, dass zunächst geraten werden muss, um wen es sich handelt und wer das geschrieben hat.

Ressourcenprofil

Meine Lieblingstätigkeiten …

…………………………………………………………………………………………

Was mich von anderen unterscheidet …

…………………………………………………………………………………………

Meine besten Eigenschaften und Fähigkeiten …

…………………………………………………………………………………………

Was Menschen, die mich wertschätzen, über mich sagen …

…………………………………………………………………………………………

«Ich weiß, was ich kann, und das kann ich zeigen»

Olga, die Physikerin sagt: «Bei mir kam heraus: Ich suche gern nach Lösungen. Wenn eine Fragestellung richtig vertrackt ist, packt mich ein fast sportlicher Ehrgeiz. Und dann macht es großen Spaß, Versuchsreihen zu entwerfen, Wahrscheinlichkeiten durchzudenken, in der Literatur nach neuen Erkenntnissen zu suchen und mit meiner Arbeitsgruppe zu diskutieren. Da blühe ich dann richtig auf, bin enorm hartnäckig und kann geduldig rumtüfteln. Vielleicht ist das typisch Naturwissenschaftlerin. Auf jeden Fall unterscheidet es mich von anderen. Meinem Team kommt das zugute. Meine internationalen Kollegen schätzen das natürlich auch.»

Verkäuferin Tanja meint: «Ich lese gern. Besonders Krimis. Das hat sich bei mir erst später im Leben so ergeben, aber es entspannt mich total. Da kann ich mich versenken. Was mich von anderen unterscheidet, ist wahrscheinlich mein Humor. In letzter Zeit war der ein bisschen verschwunden. Aber mit den Kunden mache ich eigentlich gern Scherze, wenn ich gut drauf bin. Deswegen kann ich wohl auch gut verkaufen. So was Ähnliches stand sogar mal in einem Arbeitszeugnis.»

Susanne, die Werkstoffprüferin, sagt: «Ich habe gern Gäste, dekoriere den Tisch dann besonders und bekoche sie. Wenn unsere Freunde sich bei uns wohlfühlen, freue ich mich immer. Mich unterscheidet von anderen, dass ich ganz genau hinschaue, sehr gewissenhaft bin. Was ich tue, hat Hand und Fuß. Ich bin verlässlich. Mein Chef schätzt das sehr an mir. Mein Mann eigentlich auch. Das ist schon eine gute Eigenschaft.»

Birte, die Sonderpädagogin, sagt: «Ich bin gut in Krisensituationen. Wenn es bei den Kindern in unserer Einrichtung an verschiedenen Stellen zugleich brennt, kann ich gut priorisieren und mein Team so einteilen, dass wir die Sache in den Griff kriegen. In der Familie ist das ähnlich. Ich glaube, ich habe mehr Energie als andere. Und ich bin auch in Stresssituationen freundlich und hilfsbereit. Das spiegelt mein Team mir immer wieder.»

Lehrerin Dagmar meint: «Ich spiele gern Volleyball, eine Mannschaftssportart, kein Wunder. Ich arbeite nämlich auch gern im Team. Wenn ich bei uns in der Schule das Kollegium so weit habe, dass alle an einem Strang ziehen, geht es mir richtig gut, weil ich weiß, dass wir dann wirklich unser Bestes geben. Mich unterscheidet von anderen, dass ich konzeptionell stark bin, ich kann mir schnell einen Überblick verschaffen – auch wenn es kompliziert wird. Außerdem bin ich kreativ – also mein Schulleiter sagt das immer – und pragmatisch.»

Silke sagt: «Ich bin gern mit meinen Kindern zusammen und mache mit denen Blödsinn. Manchmal – zu selten in letzter Zeit – haben wir so ganz alberne Abendessen, wo wir uns über Popstars oder Politiker lustig machen. Besonders mein Sohn hat das Talent zum Comedian. Das kann dann schon zu Lachattacken bei allen führen. Das macht mir echt Spaß. Mich unterscheidet von anderen, dass ich mich für meine Mitmenschen wirklich interessiere. Das sagt mir meine beste Freundin immer. Ich kümmere mich gut um die kranken Kinder auf der Station. Mein Freund sagt, ich strahle Wärme aus. Das finde ich schön.»

Alle wissen, was sie am liebsten tun, bei welcher Tätigkeit sie sich wohlfühlen. Deshalb macht es auch Freude, davon zu erzählen. Und ganz nebenbei stellen wir auf diese Weise fest, was wir beherrschen, was uns zufliegt, was uns liegt – also, was uns stark macht.

Selbstwahrnehmung, Fremdwahrnehmung

Das Problem ist, dass wir – das gilt vor allem für uns Frauen – zu selten die Scheinwerfer auf das richten, was wir gut können. In unserer Selbstwahrnehmung dominieren häufig Bereiche, in denen wir vermeintliche Defizite sehen. Deshalb kann es hilfreich sein, diese Aufgabe auch mal mit lieben Freunden gemeinsam zu machen. Im Seminar gestalten wir das spielerisch, indem sich jeweils eine Teilnehmerin auf einen Thron setzen und sich wie eine Königin fühlen darf: Sie trägt eine farbige Pappkrone, und die anderen sitzen als Publikum vor ihr. Eine Teilnehmerin steht neben der «Königin» und erläutert – basierend auf ihrem Ressourcenprofil – deren beste Eigenschaften, Fähigkeiten und Lieblingstätigkeiten. Das ist für manche Teilnehmerinnen ungewohnt, da sie eine solche Situation – alle schauen mich erwartungsvoll an, ich stehe im Mittelpunkt – vielleicht selten erlebt haben. Doch das wertschätzende Sprechen über die eigenen Schokoladenseiten mit dem folgenden Applaus der Gruppe zeigt auch den eher zurückhaltenden Frauen: Ich weiß, was ich kann, und das kann ich zeigen!

Um die eigene konstruktive Selbstwahrnehmung noch fester zu verankern, hält jede Teilnehmerin nach der «Krönungszeremonie» drei ihrer guten Eigenschaften schriftlich auf einer farbigen Karte fest, die gut sichtbar an die eigene Pinnwand gehängt wird.

Das kannst du auch wunderbar zu Hause machen. Schreibe dir drei deiner guten Eigenschaften auf und pinne sie dir schön sichtbar an eine Stelle, wo du sie immer im Blick hast. Nimm dein Ressourcenprofil als Grundlage und wähle dann diese Form: «Ich bin eine (erste gute Eigenschaft …, zweite gute Eigenschaft …, dritte gute Eigenschaft …) Frau.» Du wirst sehen, wie wohl es tut, unmittelbar vor Augen zu haben, was dich ausmacht, was du kannst und wofür du gemocht wirst.

So endet der dritte Seminartag mit einer veränderten Wahrnehmung unserer selbst. Zum einen haben wir einen neuen Blick auf die Welt, durch den wir Blockaden hinter uns lassen und nach vorne sehen können. Zum anderen haben wir einen neuen Blick auf uns selbst, der unsere Stärken und Ressourcen in den Vordergrund rückt. Und beides zusammen lässt uns begreifen: Wer über unser Leben bestimmt, das sind ganz allein wir selbst!

Am vierten Tag wollen wir nun schauen, in welche Richtung die Reise für jede von uns gehen kann.

Vierter Tag: Das Feuer wieder entfachen

Kleine Einführung in die Transaktionsanalyse

Der vierte Tag bricht an. Einen Teil unseres Weges aus der Erschöpfung haben wir bereits zurückgelegt. Wir haben die individuellen Stressauslöser unter die Lupe genommen, uns unserer Bewältigungsstrategien sowie der vielfältigen Wurzeln besonnen und uns so selbst besser kennengelernt. Dazu gehörte auch, unsere Wahrnehmung der Welt und die Schlüsse zu betrachten, die wir schon früh aus unseren Erfahrungen gezogen haben. Wir haben geschaut, welche Annahmen über Arbeit hilfreich waren, um es so weit zu bringen, wie wir es jetzt geschafft haben. Und wir haben geprüft, welche Annahmen heutzutage vielleicht hinderlich sind und verändert werden sollten. Außerdem haben wir uns vergegenwärtigt, welche besonderen Eigenschaften und Fähigkeiten uns über den Alltag hinaus ausmachen. Dabei haben wir in den letzten Tagen viele persönliche Strategien entdeckt, die zur Bewältigung von übermäßigem Stress einsetzbar sind. Doch wie gelingt es uns, das ausbrennende Feuer wieder zu entfachen? Woher soll der zündende Funke kommen? Woher wollen wir die Energie nehmen? In diese Richtung soll unsere Schatzsuche heute gehen.

Natürlich haben wir alle schon über solche und ähnliche Fragen nachgedacht. Dennoch ließen sich keine wirklich zufriedenstellenden Antworten finden. Das liegt daran, dass unser Denken nicht einfach nur ein Strom klarer Gedanken mit folgerichtigen Analysen und Schlüssen ist, sondern dass es durchwebt wird von Gefühlen und Erfahrungen. Wir können gar nicht verhindern, dass bei uns als fühlenden Wesen jeder Gedanke eingefärbt wird durch die Stimmung, in der wir uns gerade befinden. Und diese Stimmung bestimmt, wie wir weiterdenken und darüber hinaus auch das, was wir wahrnehmen. Zudem sind wir Teil einer sozialen Gemeinschaft, deren Werte wir uns zu eigen gemacht haben, sodass während des Denkens fast jeder Gedanke von uns gleichzeitig in Bezug auf seine soziale Bedeutung bewertet wird. Diese Bewertung bestimmt ebenfalls die Richtung unseres Denkens und Wahrnehmens. Und als wäre dieses innere Geschehen nicht schon kompliziert genug, kommen außerdem ständig die vielfältigen Einflüsse unserer Umwelt hinzu. Das kann das Wetter sein, die Umgebung, Geräusche, die belasten oder auch wohltun. Besonders bedeutsam sind dabei unsere sozialen Beziehungen, oftmals verbunden mit Aufgaben und Erwartungen. All diese Kontakte, unsere Berührungen mit dem Außen, beeinflussen unsere Stimmung, und die wiederum beeinflusst unser Denken. Kein Wunder, dass nachhaltige Antworten auf unsere Fragen nur schwer zu finden sind.

Immer wieder versuchten und versuchen Psychologen, mit den unterschiedlichsten Modellen Ordnung in dieses gefühlte Durcheinander zu bringen. Besonders verständlich und handhabbar – nicht nur für Profis, sondern auch für Laien – ist dabei das Modell der Transaktionsanalyse von Eric Berne. Weil der von ihm gewählte Begriff – im Gegensatz zu seinen Inhalten – etwas sperrig ist, wird oftmals von der TA gesprochen. Die Transaktionsanalyse bietet nicht nur wie eine gute Landkarte eine übersichtliche Struktur, in der wir uns verorten können, sondern sie ist gleichzeitig auch ein anschauliches psychologisches Konzept zur Verdeutlichung von Beziehungsstrukturen. Daher wohl auch der Name «Transaktion».

Für sein Modell teilt Berne unser Ich graphisch in verschiedene Ich-Zustände, die miteinander in einer Beziehung stehen und je nach Situation mehr oder weniger zum Einsatz kommen. Durch diese Struktur können wir erkennen, wo wir gerade innerlich stehen und ob wir uns möglicherweise verlaufen oder in einer Beziehung verstrickt haben. Das Gute an der Transaktionsanalyse ist, sie zeigt uns nicht nur die Sackgassen im Labyrinth unseres Lebens, sondern weist uns auch entspannte Wege heraus. Deshalb verwenden wir dieses Modell so gerne.

Bernes handhabbares Konzept wurde über die Jahre von vielen Pädagogen und Psychologen aufgegriffen und im Sinne des Erfinders weiterentwickelt und angepasst. So auch von mir.

Wie schaut dieses spannende Modell jetzt aus?

In Anlehnung an Freud unterscheidet Berne zunächst

drei große Bereiche des Ichs: das Eltern-Ich, das Erwachsenen-Ich und das Kind-Ich. Was sich dahinter verbirgt, wird gleich noch genauer beschrieben. Wichtig ist erst einmal, dass jeder Mensch diese Ich-Zustände in sich trägt. Auch ein kleines Kind hat einen Eltern-Ich-Zustand und auch der Hochbetagte einen Kind-Ich-Zustand. Interessant für unser Thema der inneren und äußeren Balance ist, dass Berne die drei Ich-Zustände graphisch in Form von drei gleich großen, übereinanderstehenden Kreisen darstellt, die ebenfalls miteinander in einer Balance sein sollen. Es geht also auch hier um ein gutes Gleichgewicht. Ein körperliches Ungleichgewicht kennen wir zumeist aus eigener Erfahrung: Wenn wir einen Körperteil, beispielsweise das Knie, wegen einer Verletzung oder Erkrankung nicht richtig belasten können, dann müssen die anderen Körperteile mehr Last tragen. Dadurch wird unsere Balance oftmals bis hinauf zu den Schultern gestört. Ein gutes Gleichgewicht können wir also immer nur dann herstellen, wenn wir jederzeit einen sicheren Zugriff auf alle unsere Körperteile haben.

Ähnliches gilt für das Modell der Transaktionsanalyse, nur dass es hier um die Seele geht: Auch für das innere Gleichgewicht ist es elementar wichtig, hochflexibel zu sein, also innerlich beweglich auf äußere Bedingungen oder bestimmte Begebenheiten reagieren zu können. Je besser man dabei die eigene derzeitige Verfassung kennt und sie vielleicht auch mit den Bildern der Transaktionsanalyse beschreiben und so für sich handhabbar machen kann, desto leichter kann man das eigene seelische Gleichgewicht immer wieder für sich selbst herstellen.

Was macht nun die unterschiedlichen Ich-Zustände aus?

Das Erwachsenen-Ich

Beginnen wir mit dem Erwachsenen-Ich. Dies ist der leicht zugängliche, rationale, sachliche Ich-Zustand, in dem wir uns zum Beispiel befinden, wenn wir arbeiten, Informationen aufnehmen, Ziele formulieren, Prioritäten setzen. Das Erwachsenen-Ich steht in der Mitte. Es ist ein überaus konstruktiver, lösungsorientierter Zustand, der idealerweise in einer Arbeitssituation oder wenn wir etwas bewegen wollen, erreicht werden sollte. Häufig ist dieser Ich-Zustand auch sehr kooperativ, deswegen erkennen wir ihn sprachlich oft am Wir: «Wie lösen wir das Problem? Wie machen wir das? Wie kriegen wir das hin?»

Das Eltern-Ich

Das Eltern-Ich steht oben über dem Erwachsenen-Ich und ist dafür da, dass das soziale Miteinander funktioniert, dass niemand zu kurz kommt, es gerecht zugeht. Dafür unterteilt Berne das Eltern-Ich in zwei Teile, in ein sogenanntes nährend-fürsorgliches Eltern-Ich und in ein kritisches.

Das fürsorgliche Eltern-Ich sorgt dafür, dass es allen

gut geht. Es ist zugewandt, einfühlsam, behütend, manchmal sorgenvoll und übervorsichtig. Es sind die Kümmerer, die sagen: «Ach, du Arme, mach mal eine Pause.» Das fürsorgliche Eltern-Ich richtet sich sowohl nach außen als auch nach innen, kann also ebenso für einen selbst Sorge tragen. Wer die Kollegin fragt: «Soll ich dir einen Kaffee mitbringen?», wer sich aufopferungsvoll um die eigenen Eltern kümmert oder sich selbst ein wohltuendes Schaumbad einlässt – der handelt aus dem fürsorglichen Eltern-Ich.

Im kritischen Eltern-Ich tragen wir unsere Werte und Normen, die Moral, die Zehn Gebote, die Tradition, was man tut oder nicht tut. Unser kritisches Eltern-Ich ist oft im Einklang mit der Kultur, in der wir leben. Die Sprüche, mit denen wir uns am dritten Seminartag beschäftigt haben – «Erst die Arbeit, dann das Vergnügen», «Ohne Fleiß kein Preis», «Der Esel nennt sich selbst zuerst» –, haben ihren Ursprung im kritischen Eltern-Ich. Da ist oftmals der erhobene Zeigefinger mit im Spiel. Das kritische Eltern-Ich wirkt ebenfalls nach außen und nach innen. Es ist die Stimme, mit der man sich selbst zur Arbeit antreibt: «Die Excel-Tabelle machst du jetzt aber noch vor der Mittagspause fertig!» Das kritische Eltern-Ich kann allerdings auch ganz schön nerven, wenn es zum Beispiel fragt: «Was hast du heute eigentlich schon geschafft? – Schau dir mal die Kollegin an, wie effizient die arbeitet!» Natürlich kann das kritische Eltern-Ich ebenso Gutes bewirken: Wenn man es eilig hat und zu Fuß über die Straße rennen will, obwohl die Ampel Rot zeigt, sagt das kritische Eltern-Ich: «Stopp, es könnten Kinder in der Nähe sein, die machen das nach. Bleib stehen.»

Immer wenn es darum geht, dass Regeln eingehalten werden müssen, dass es gerecht zugeht, dass andere nicht in Gefahr geraten, ist das kritische Eltern-Ich aktiv, im Sinne von: «Dafür stehe ich ein, dafür stehe ich gerade. Ich passe auf, dass das nicht passiert, ich bin verantwortungsbewusst.»

Sowohl das kritische als auch das fürsorgliche Eltern-Ich zeichnen sich in sprachlicher Hinsicht durch das «Du» aus – ich wende mich jemandem zu. Das kann mich selbst genauso betreffen.

Das Kind-Ich

Unter dem Erwachsenen-Ich, im dritten Kreis, befindet sich das emotionale Kind-Ich. Diesen Zustand hat Berne in drei Teile gegliedert: das angepasste, das rebellische und das freie Kind-Ich. Dabei kann man das angepasste und das rebellische Kind zusammenfassen, weil beide Zustände auf das reagieren, was von außen kommt. Das angepasste oder auch ängstliche Kind sagt ja, das rebellische Kind sagt nein. Beide sind reaktiv. Das freie Kind dagegen ist aktiv. Es agiert aus sich heraus. Das Kind-Ich steuert unser Wohlbefinden und sorgt dafür, dass wir körperlich, geistig und seelisch nicht zu Schaden kommen. Das Kind-Ich ist der Ort unserer Gefühle.

Sehr ernst nehmen sollten wir unser angepasstes, ängstliches Kind-Ich. Es sorgt nämlich dafür, dass wir nicht in Gefahr geraten, weder körperlich noch seelisch noch sozial. Es beugt gesellschaftlichen Sanktionen und Strafen vor, nach dem Motto: «Ich passe auf, dass ich keinen Ärger kriege, dass ich nicht ausgeschlossen werde!» Innerlich befindet sich das angepasste Kind-Ich oftmals mit dem kritischen Eltern-Ich in einer Art Schulterschluss. Das kritische Eltern-Ich fordert: «Reiß dich zusammen, das wirst du ja wohl hinkriegen», und das angepasste Kind strengt sich an: «Ja, ich gebe mir ganz doll Mühe», und versucht, nicht nur den äußeren, sondern auch den eigenen Anforderungen gerecht zu werden. Wenn dem angepassten Kind etwas zu viel wird – es ist ja still und ängstlich –, wird es krank werden und sich krankschreiben lassen. Das ist eigentlich ziemlich klug, denn so schlägt es Alarm und stoppt erst einmal etwas, das untragbar ist.

Ganz gegensätzlich reagiert das rebellische Kind. Das will eben gerade nicht und sagt: «Nein, keinen Bock.» Das rebellische Kind wählt eine andere Variante, wenn ihm etwas zu viel wird: Es meldet sich krank, obwohl es gar nicht krank ist, einfach weil es bei so großem Druck keine Lust hat zu arbeiten. Auch wenn es sich unterschiedlich anfühlt und die rebellische Variante eventuell die gesündere ist, so ist beides jedoch reaktiv auf das, was von außen kommt. Das rebellische Kind ist ein starker Teil unserer selbst. Wir wissen, wie kraftvoll es sich anfühlen kann, zu sagen: «Nein, da mache ich nicht mit!» In der Kindheit entwickelt sich das erste Nein in der sogenannten Trotzphase, wenn das Ich-Bewusstsein entsteht. In dieser Phase entdeckt das Kind zum ersten Mal sich selbst, vorher war es mehr oder minder eins mit den betreuenden Menschen um es herum. Es war sozusagen im «Ja». Nun entdeckt es zunehmend sein Ich, das abgegrenzt ist von den anderen. Eins der ersten Worte, das die eigene Position ausdrückt, ist das «Nein». Dem folgt oft das «Mein», rasch gefolgt von dem eigenen Namen und nach einer Weile der sprachlich hohen Abstraktion «Ich». Oft geht diese Ich-Entwicklung nicht konfliktfrei vonstatten, weil der Wunsch, sich durch das «Nein» abzugrenzen, sehr stark ist. Manchmal haben die Kinder fürchterliche Wutanfälle, einfach weil sie nichts anderes mehr sagen können als «Nein». Die Kinder stecken bisweilen darin völlig fest und sind regelrecht verzweifelt, weil das rebellische Kind-Ich so stark dominiert, dass sie nichts anderes tun können, als «Nein» zu schreien. So anstrengend diese Phase auch für alle Beteiligten sein mag, sie ist elementar in der Entwicklung des Menschen.

Diese radikale Ich-Findung ist so wichtig, dass sie sich in der Entwicklung des Menschen noch einmal in der Pubertät wiederholt. Wir müssen lernen, «Nein» zu sagen, um eine eigene Position im Leben zu finden und uns im Bedarfsfall schützen zu können.

Neben den beiden reaktiven Ich-Zuständen gibt es noch den aktiven Teil des Kind-Ichs, das freie Kind. Während beim angepassten Kind die Angst sitzt und beim rebellischen Kind der Zorn, die Wut, sind beim freien Kind Liebe, Lust, Leidenschaft, Kreativität, Spiel und Spaß am Leben, kurz: das innere Feuer, angesiedelt. Mein inneres

Bild für das freie Kind ist Pippi Langstrumpf. Pippi macht sich die Welt, wie sie ihr gefällt. Sie hat vor nichts Angst und tut das, wozu sie spontan Lust hat. Und da fällt ihr auch immer etwas ein.

Allerdings ist Pippi kein rein freies Kind – sonst wäre sie asozial und hätte keinen Zugriff auf die anderen Ich-Zustände. Den hat sie aber, obwohl das freie Kind-Ich dominiert. Sie sagt den Einbrechern ja durchaus kritisch, dass es nicht in Ordnung ist, in anderer Leute Häuser einzubrechen und deren Goldstücke zu klauen. Gleichzeitig macht sie ihnen ganz fürsorglich etwas zu essen und schenkt ihnen sogar ein paar Goldstücke. Ihr soziales Eltern-Ich ist also vorhanden. Pippi Langstrumpf hat zudem Zugriff auf ihr Erwachsenen-Ich, denn sie kann ihren Alltag sehr gut bewältigen, allerdings stark gefärbt vom freien Kind. Sie schnallt sich Bürsten unter die Füße und putzt so mit großem Spaß den Boden. Sie sagt durchaus auch mal nein, und manchmal versucht sie, sich anzupassen. Dass das nicht gelingt, ist eine andere lustige Geschichte. Pippi ist eine integre Persönlichkeit mit einem voll entfalteten freien Kind-Ich. Das macht sie so gesund und stark – auch sinnbildlich: Sie ist ja stärker als der stärkste Mann der Welt.

In sprachlicher Hinsicht ist das emotionale Kind-Ich gut erkennbar am Ich: Das angepasste Kind fühlt und sagt «Ich habe Angst», das rebellische Kind fühlt und sagt «Ich bin wütend», und das freie Kind fühlt und sagt «Ich habe Lust».

Parallele und gekreuzte Transaktion

Wenn wir miteinander in Beziehung treten, ist es gut zu wissen, aus welchem Ich-Zustand heraus wir das jeweils tun. Kommunizieren wir beispielsweise vom rationalen Eltern-Ich-Zustand aus, und unser Gesprächspartner antwortet ebenfalls aus diesem Zustand, so funktioniert die Kommunikation gut. Die Transaktionsanalyse spricht dann von einer parallelen Transaktion. Das bedeutet, die Kommunikation verläuft ungestört. Befindet sich mein Gegenüber allerdings in einem anderen Ich-Zustand, irritiert das möglichweise die Kommunikation. Sie verläuft nicht mehr glatt. Man sagt dann, die Transaktion ist gekreuzt.

Ein schönes Beispiel für eine solche gekreuzte Transaktion habe ich erlebt, als ich ein Seminar in Frankfurt in der Nähe des Hauptbahnhofs gegeben habe.

Es war Mittagspause, schönes Wetter, und ich freute mich auf ein leckeres Essen. Doch als ich aus dem Seminargebäude trat, war die gesamte Gegend voll mit Polizeibeamten, Absperrgittern und Mannschaftswagen. Ich ging zu einem Polizisten und fragte neugierig: «Was ist denn hier los?», und er erwiderte: «Guten Morgen, erst einmal!» Er beantwortete mir also nicht meine Frage, sondern kreuzte sie aus dem kritischen Eltern-Ich, indem er mich auf die Notwendigkeit einer höflichen Anrede hinwies. Er hatte recht: Ich war nicht höflich gewesen, hatte einfach nur gefragt. Es war eine Sachfrage, gefärbt vom neugierigen freien Kind-Ich. Diese Frage hätte er schlicht und einfach beantworten können, in Kurzform zum Beispiel so: «Wir erwarten eine Kundgebung von Rechtsradikalen, die Autonomen sind im Anmarsch, und wir müssen das Bankenviertel schützen.» Dann hätte ich gewusst, was los ist. Diese parallele Transaktion hat er aber nicht vorgenommen. Er hat mir aus dem kritischen Eltern-Ich und mit erhobenem Zeigefinger geantwortet, die Transaktion gekreuzt.

Das Interessante an diesem Beispiel ist nun: Ich kann für die Fortsetzung des Dialogs meinen Ich-Zustand neu wählen. In beiden Fällen ungestört wäre die Kommunikation verlaufen, wenn ich aus dem angepassten oder rebellischen Kind-Ich reagiert und damit den Polizisten in seinem kritischen Eltern-Ich bestätigt hätte. Eine parallele Transaktion also.

Mein angepasstes Kind-Ich hätte womöglich gesagt: «Oh, entschuldigen Sie bitte, selbstverständlich: guten Morgen.» Denn das angepasst-ängstliche Kind möchte keine Scherereien mit der Polizei haben. Und aus dem rebellischen Kind-Ich-Zustand hätte ich den Polizisten vielleicht angepampt: «Was soll der Scheiß? Ich will wissen, was hier los ist!» Denn das rebellische Kind will sich nicht unterwerfen. Bedeutsamerweise hätte es sich in beiden Fällen um ein reaktives Verhalten gehandelt. Auch wenn das rebellische Kind-Ich laut und unverschämt ist, reagiert es auf den Polizisten, genauso wie das angepasste Kind-Ich, das sich entschuldigt. Beide Ich-Zustände bestätigen den kritischen Eltern-Ich-Zustand. Auf mein Gepampe aus dem rebellischen Ich-Kind-Zustand wäre die Reaktion des Polizisten wohl so ausgefallen: «Jetzt zeigen

Sie mir mal Ihren Ausweis und setzen sich dort hin.» Er hätte sich genötigt gefühlt, mich zur Räson bringen zu müssen. Ich hätte in der Situation allerdings auch auf der Sachebene bleiben und meine Frage erneut wiederholen können: «Ich hätte gerne eine Auskunft, was ist denn hier los?» Dann hätte ich ihn zurückgekreuzt.

Ich hätte ihn im Sinne der Transaktionsanalyse aber auch kreuzen können, indem ich aus meinem fürsorglichen Eltern-Ich zugewandt geantwortet hätte: «Oh, Mensch, Sie Armer, Sie müssen ja gerade einen wahnsinnigen Stress hier haben.» Dann hätte der Polizist das kritische Eltern-Ich kaum aufrechterhalten können. Oder ich hätte ebenfalls mein kritisches Eltern-Ich aktiviert, indem ich gesagt hätte: «Wie reden Sie eigentlich mit mir? Sie könnten mein Sohn sein. Außerdem werden Sie von meinen Steuergeldern bezahlt.» Das wäre natürlich verdeckt rebellisch gewesen. Dennoch wäre es für den Polizisten in dem Fall schwer gewesen, sein kritisches Eltern-Ich aufrechtzuerhalten.

Wie ist die Geschichte nun ausgegangen? Ich war ja gut gelaunt, die Sonne schien, und ich erwartete eine schöne Mittagspause. Mein freies Kind war also mit im Spiel. Deshalb fand ich diesen kleinen Dialog ausgesprochen komisch, hab gelacht und bin einfach weitergegangen. Die Antwort stellte sich dann bald von selbst ein.

Wenn die eigenen Ich-Zustände miteinander streiten

Je nach Situation, Ansprache oder Aufgabe befinden wir uns also in unterschiedlichen Ich-Zuständen, die wir nach Bedarf wechseln können. Das sollte klug geschehen, unter Berücksichtigung unserer Werte und dem Erhalt unserer Lebensfreude. Bevor es zu einer angemessenen Entscheidung für die Wahl des führenden Ich-Zustands kommt, treten unsere inneren Stimmen in einen Dialog. Oft ist die Wahl dann rasch klar. Manchmal aber geraten die Ich-Zustände in einen solchen Widerstreit, dass sie einander neutralisieren können.

Silke, die alleinerziehende Krankenschwester, hat aufmerksam zugehört. Sie fragt: «Kann es sein, dass diese Ich-Zustände in ganz banalen Alltagssituationen miteinander streiten? Mir fällt da gerade eine Szene aus der Zeit ein, als meine beiden Kinder noch klein waren, kurz vor meiner Scheidung. Da war das Geld bei mir extrem knapp. Und ich war auch echt nicht gut drauf. Vielleicht hat mich deshalb die schicke Leinenbluse im Schaufenster einer Boutique so angelacht. Ich habe die gesehen und wusste: Die will ich haben! Genau so eine wollte ich immer schon haben, eine helle, locker geschnittene Leinenbluse mit großen Knöpfen! Ich bin also in den Laden rein und habe mir die Bluse angesehen. Als ich entdeckt habe, was sie kostet, bin ich zusammengezuckt und wusste sofort: Die ist viel zu teuer. Aber eine innere Stimme rief: ‹Oh, ist die schön! Ich will die unbedingt haben!› Und eine andere sagte: ‹Das geht auf keinen Fall.›»

Silkes Erlebnis ist der Klassiker, ein Paradebeispiel für

einen inneren Dialog zwischen dem freien Kind-Ich, das große Lust hat, die schicke Bluse zu kaufen, und dem kritischen Eltern-Ich, das auf den Plan tritt und mahnt – unmöglich, jetzt so viel Geld auszugeben!

Silke sagt: «Ich weiß noch, dass ich gedacht habe, Mensch, immer geht es nur um die anderen. Du hast so viel gearbeitet, jetzt bist du auch mal dran. Gönn dir was Schönes.»

Das wiederum war dann Silkes fürsorgliches Eltern-Ich, das sich da zu Wort gemeldet hat. Häufig begibt sich in solchen Situationen das freie Kind sofort in den Schulterschluss mit dem fürsorglichen Eltern-Ich. Es ruft: «Ja, genau, jetzt bin ich auch mal dran!» Das kritische Eltern-Ich mahnt dann womöglich erneut und sagt: «Aber die Kinder brauchen dringend Schuhe.» Und dann meldet sich das rebellische Kind-Ich schnippisch zu Wort: «Das ist doch total egal, die können ja die Schuhe der größeren Cousins auftragen.» Das kritische Eltern-Ich hält dagegen: «Das geht nicht. Kinder dürfen keine gebrauchten Schuhe tragen, das ist nicht gut für die Füße.» Das angepasste Kind-Ich ist besorgt: «Das Geld ist sowieso so knapp, das gibt nur einen Riesenstress, wenn du jetzt auch noch diese Bluse kaufst.» Chaos im Kopf. Eine Entscheidung zu fällen ist schwierig. Nun gibt es noch das vernünftige Erwachsenen-Ich. Das hört sich alle Positionen an und holt auch noch weitere Informationen von außen dazu. Es versucht vielleicht durchzurechnen, ob der Kauf überhaupt machbar ist. Es fragt sachlich: «Wozu passt denn die Bluse? Werde ich sie überhaupt tragen in meinem Alltag als Mutter von zwei Kindern? Wie viel Geld habe ich denn noch? Ist gerade Monatsmitte oder Monatsende? Und würde das Geld denn reichen, wenn wir eine Woche lang nur Spaghetti mit Butter äßen?» Das kritische Eltern-Ich ruft natürlich sofort mahnend dazwischen: «Das kommt überhaupt nicht in Frage, Kinder brauchen eine gesunde Ernährung.» Das veranlasst nun auch wieder die anderen Ich-Zustände, sich zu Wort zu melden.

Silke sagt: «Es war genau so. Ich war total hin- und hergerissen. Ein ordentliches Tohuwabohu. Ich stand da mit der Bluse in der Hand und konnte mich einfach nicht entscheiden. Zum Glück kam dann eine Verkäuferin auf mich zu, die mir gleich sympathisch war, weil sie einen ähnlichen Kleidungsstil hatte wie ich. Und sie fragte, ob ich die Bluse nicht einfach mal anprobieren wolle. Das habe ich dann gemacht. Sie saß perfekt. Die nette Verkäuferin hat das auch gesagt und betont, wie gut mir die helle Farbe zu meinen dunklen Haaren steht. Ich fühlte mich auf einmal so frisch und leicht wie lange nicht. Und Leinen ist ja sowieso angenehm auf der Haut. Na, jedenfalls, als die Verkäuferin dann noch sagte, die Bluse könne man lässig zu Jeans, aber auch zum Rock mit Stiefeln tragen, und dass sie zwar teuer, dafür allerdings sehr zeitlos sei, habe ich sie dann einfach gekauft. Und das war eine gute Entscheidung. Ich habe sie wirklich geliebt und viel getragen. In dem Monat war es dann zwar sehr knapp mit dem Geld, und es gab tatsächlich fast nur noch Nudeln. Aber egal, ich habe dann gleich zum nächsten Monatsanfang neue Schuhe für die Kinder besorgt.»

Silkes Geschichte zeigt es ganz großartig: Beim Blusenkauf hat ihr freies Kind-Ich entschieden. Und das ist bis heute immer noch zufrieden mit der Entscheidung. Man kann sich also noch so gut informieren und Pro- und Contra-Listen anfertigen – häufig entscheidet man auf der emotionalen Ebene. Das liegt auch daran, dass unser rationales Denken für unsere komplexe Welt oftmals zu langsam ist. Deshalb greifen wir auf Erfahrungen zurück, benutzen daraus gebildete Grundannahmen und vor allem unsere Emotionen, um rasche Entscheidungen treffen zu können. Dann sprechen wir manchmal auch von unserem «Bauchgefühl». Natürlich ist es trotzdem sinnvoll und wichtig, Dinge zu durchdenken. Wer sich bei Entscheidungen stets vom freien Kind-Ich im Schulterschluss mit dem fürsorglichen Eltern-Ich leiten lässt, der landet bald in der Schuldnerberatung. Und wer sich nur vom kritischen Eltern-Ich in Korrespondenz mit dem angepassten Kind leiten lässt, geht bald in Sack und Asche, kann nichts mehr richtig genießen und wird auch selbst ungenießbar.

Wichtig ist, dass man die unterschiedlichen Ich-Zustände kennt und identifiziert: Silke war die schöne Leinenbluse wichtig. Sie wollte sich in einer schwierigen Phase ihres Lebens etwas Gutes tun. Ihre Entscheidung hat sich deshalb gut angefühlt. Hilfreich ist, wenn man mit den verschiedenen Ich-Zuständen flexibel umzugehen weiß. Wenn man weiß, gut, hier entscheide ich jetzt aus dem freien Kind-Ich-Zustand aus purer Lust und gegen die Vernunft. Ich weiß, was ich tue, aber ich entscheide mich trotzdem dafür. Und an einer anderen Stelle ist es mein sachorientiertes Erwachsenen-Ich, das mich leitet, an einer dritten dominiert das soziale Eltern-Ich. Ich selbst kann aktiv zwischen den einzelnen Ich-Zuständen hin und her wechseln und auch selbst entscheiden, wann und wie ich das tun will.

Warum das freie Kind-Ich so wichtig ist

Im französischen Spielfilm *Ziemlich beste Freunde* von Olivier Nakache und Éric Toledano findet sich ein wunderbares Beispiel für das freie Kind-Ich.

Der Film erzählt die auf einer wahren Begebenheit beruhende Geschichte des vermögenden Philippe, der nach einem Paragliding-Unfall vom dritten Halswirbelkörper ab gelähmt ist und einen neuen Pfleger sucht. Er findet ihn in dem unkonventionellen Driss, gebürtig aus dem Senegal, der gerade eine sechsmonatige Haft wegen eines Raubüberfalls abgesessen hat. Driss ist der Inbegriff des freien Kindes. In der Anfangsszene des Films – die eine Vorausblende ist – genießt Driss den luxuriösen Maserati seines Chefs mit einer wilden Tour durch das nächtliche Paris. Als ihn die Polizei wegen der überhöhten Geschwindigkeit verfolgt, steigt sein Spaß noch. Selbst zuschauend kann man sich diesem Vergnügen nicht entziehen und vergisst dabei jegliches Verantwortungsbewusstsein für die Sicherheit der anderen Verkehrsteilnehmenden. So einladend Driss' Lebensfreude in der Eingangsszene auch ist, im Laufe des Films wird deutlich, dass er keinerlei

Zugriff auf seine anderen Ich-Zustände hat. Driss kommt ja gerade aus dem Knast, er beklaut Philippe sogar noch zu Beginn des Films. Er muss Fürsorge und Verantwortung hart lernen. Er muss lernen, sein Leben auf die Reihe zu kriegen und an den richtigen Stellen nein zu sagen, wenn alte Kumpel ihn verführen wollen, wieder kriminell zu werden. Nach und nach erarbeitet Driss sich den Zugriff auf sein kluges Erwachsenen-Ich und aktiviert seine sozialen Kompetenzen. Dadurch wird er zu einer reifen Persönlichkeit. Dabei bleibt der Film allerdings nicht stehen. *Ziemlich beste Freunde* schildert darüber hinaus einen zweiten Reifungsprozess, den des gelähmten Philippe. Philippe hat durch den Sportunfall nämlich nicht nur den Zugriff auf seinen Körper verloren und leidet nun unter einem schweren Handicap, sondern auch den Zugriff auf sein freies Kind-Ich – erst das behindert ihn richtig. Er hat keine wirkliche Freude mehr am Leben. Durch das Zusammensein mit Driss bekommt er wieder Zugang zu seiner eigenen Lebendigkeit und Lebensfreude. Das zeigt die Anfangsszene des Films, die einen ersten Blick auf den schönen Schluss gewährt. In der Vorausblende erkennt man das, als die Kamera auf Philippe schwenkt und man ihn auf dem Beifahrersitz sitzen sieht: Er amüsiert sich köstlich bei der Verfolgungsjagd und spielt das Spiel mit. Er kann wieder spielen. Später zeigt sich: Er kann sich auch wieder verlieben – beides ist möglich, weil er wieder Zugriff auf sein freies Kind hat.

Was man an den beiden Filmfiguren, aber auch an der Figur von Pippi Langstrumpf erkennen kann, ist, dass die Gesundheit, die Lebenskraft, das Feuer, ihren Sitz im freien Kind haben.

Vom freien Kind holen wir uns die Energie. Man kann sich das tatsächlich vorstellen wie ein Feuer, das einen Heißluftballon befeuert. Wenn der Ballon nicht ordentlich befeuert wird, kann er nicht aufsteigen, dann schleift er über den Boden, und alles ist hart und schmerzhaft. Wenn er aber gut befeuert wird, wird alles leicht, wir heben ab und können schwebend eine neue Perspektive einnehmen.

Wie schaut es nun bei Menschen aus, die sich erschöpfen? Bei denen ist in der Regel das Erwachsenen-Ich richtig gut ausgebildet. Sie sind organisiert und meist ziemlich erfolgreich mit dem, was sie tun. Das soziale Eltern-Ich ist ebenfalls stark, viele Erschöpfte sind große Kümmerer mit hohen Werten. Und in der Folge ist deren angepasstes Kind-Ich ebenfalls stark ausgebildet, denn dieses will die hohen Werte ja schließlich erfüllen.

Was dadurch oftmals zu kurz kommt, ist das freie Kind-Ich. Bei manchen hat es sich vielleicht gar nicht richtig entfalten können, weil sie schon als junger Mensch stets vernünftig sein mussten. Und bei vielen ist das freie Kind ganz unmerklich immer kleiner geworden, und zwar in dem Maße, in dem sie selbst Verantwortung übernommen haben, erwachsen geworden sind. Dabei ist es unerheblich, ob man selbst Kinder hat oder nicht. Es kann auch sein, dass die starke Verantwortung im Beruf dazu führt, dass der spielerische, kreative Anteil immer schwächer wird. Das geschieht oft so allmählich, dass wir die

Veränderung in unserem Alltag gar nicht wahrnehmen. Wir finden das normal: So ist es eben, erwachsen zu sein. Wenn allerdings das freie Kind-Ich immer weiter in den Hintergrund gerät, dann wird auch unser inneres Feuer immer kleiner, und es kommt zu einem Burnout. Dann wissen wir häufig nur noch, was wir nicht wollen oder was wir nicht mehr wollen. Aber um voranzukommen, müssen wir weg von «Ich will dieses oder jenes nicht» hin zu «Ich will genau das».

Auch im Konflikt mit einem Gegenüber müssen beide zuallererst sagen, was sie eigentlich wollen. Erst dann kann man überlegen, wie eine konstruktive Lösung aussehen könnte. Immer wenn es irgendwo hakt, sollten wir uns als Erstes die Frage stellen: «Was will ich eigentlich?»

Die Ich-Zustände in Einklang bringen

Unser freies Kind muss also unbedingt immer mit im Spiel sein, damit wir gesünder sind und das Leben leichter ist. Wir brauchen natürlich aber auch weiterhin unser soziales Eltern-Ich und das vernünftige Erwachsenen-Ich, um ein verantwortungsbewusstes Leben zu führen, nachhaltige Veränderungsprozesse und konstruktive Konfliktlösungen einzuleiten. Alle unsere Ich-Zustände sollten ziemlich beste Freunde sein. Wer kurz vor einem Burnout steht, hat sehr lange durchgehalten. Das angepasste Kind-Ich hat sich unendlich angestrengt, sich Mühe gegeben, alles zu schaffen. Aber irgendwann japst es nur noch, es geht ihm die Luft aus, es kann einfach nicht mehr. Das ist der Moment, in dem wir die Reißleine ziehen und sagen: «Nein.» Das Nein hat sich bei den Seminarteilnehmenden manifestiert durch die Anmeldung zum Seminar. Und die Leserin, der Leser, die dieses Buch in der Hand halten, haben das Nein genau damit ausgesprochen. Wir sagen: «Nein. Basta – es reicht. Irgendwas muss anders werden. Ich weiß noch nicht, wie, ich weiß nur, es muss anders werden.» Das rebellische Kind-Ich hat gesprochen.

Das Erste, was nun nach diesem Nein erfolgen muss, ist: Ich muss wissen, was ich will. Das darf ruhig verrückt sein, Pippi-Langstrumpf-mäßig verrückt. Um herauszufinden, was das ist, fragen wir das freie Kind. Das freie Kind soll sagen: «Das finde ich toll. So möchte ich es haben. So soll es sein.»

Und wenn ich das weiß, hole ich die anderen Ich-Zustände dazu. Dafür brauche ich als Erstes das vernünftige Erwachsenen-Ich, das schmiedet einen wirklich guten, funktionierenden Plan. Der Plan muss außerdem so sicher sein, dass mein ängstliches, angepasstes Kind-Ich mitmacht. Denn wenn sich das ängstliche Kind in mir überfordert fühlt, dann geht gar nichts mehr. Ich kann mir noch so tolle Sachen überlegen, wenn mein angepasstes Kind-Ich zitternd sagt: «Ihr seid alle mutig und traut euch das, aber ich habe Angst und mache nicht mit» – dann wird das nichts.

Darüber hinaus muss es mir und anderen gut gehen mit meinem Veränderungsprozess, niemand darf dabei zu Schaden kommen, auch die anderen müssen sich halbwegs wohlfühlen können. Womöglich schrecke ich vor einer Veränderung in meinem Leben ja zurück, weil ich Sorge habe, meinem Partner, meiner Familie oder meinen Freunden könnte es mit meiner Entscheidung schlecht gehen. Nicht nur ich bin mir wichtig, sondern die anderen sind es auch. Und zu guter Letzt darf ich mit dem, was ich tun möchte, nicht gegen meine Werte verstoßen. Mein Wertesystem ist wichtig, da es einen Teil meiner Identität ausmacht. Es zeigt, wo ich mich verorte in dieser Welt. Konträr zu meinem Wertesystem kann ich nur ganz schwer handeln, weil sich das gegen meine Identität wenden würde. Und das kritische Eltern-Ich wäre schnell zur Stelle und würde mit mir schimpfen. Das heißt, ich muss in meinem Veränderungsprozess immer alle Ich-Zustände mitnehmen. Aber am Anfang und im Mittelpunkt steht das freie Kind-Ich. Und das soll sagen: «Was will ich eigentlich? Was wünsche ich mir? Was ist für mich das richtige Leben? Was will ich eigentlich wirklich?»

Darum geht es am vierten Seminartag um das freie Kind. Alle anderen Ich-Zustände schicken wir bildlich gesprochen einmal hinaus. Sie gehen uns garantiert nicht verloren, da müssen wir uns keine Sorgen machen. Jetzt soll Raum sein für das freie Kind. Dieses spielerisch einzuladen und zu locken, das freie Kind zu fragen, wozu es eigentlich Lust hat – das liegt nun vor uns.

«Wo ist mein freies Kind?»

Tanja, die Elektronikfachverkäuferin, hat den Ausführungen zu den verschiedenen Ich-Zuständen aufmerksam zugehört. Nun zittert ihre Stimme ein bisschen, als sie sich zu Wort meldet: «Ich hab immer gedacht, ich stell mich nur an. Aber was ich eben gehört habe …» Tanja lässt ihren Satz unvollendet, muss schlucken und kämpft mit den Tränen. Schließlich fährt sie fort: «Bei mir war das auf jeden Fall so, dass sich mein freies Kind nicht richtig entfalten konnte. Die ständigen Haushaltspflichten, die ich schon als Kind hatte! Da gab es einfach keinen Spielraum. Und ich hab das nie in Frage gestellt. Aber es war eben nicht in Ordnung so. Das kann ich jetzt zum ersten Mal sehen. Immer nur müssen, müssen, müssen, das hat mich total geschlaucht. Und es hat mich kleingehalten. Das ist nicht gut. Das Bild des Heißluftballons gefällt mir. Der schwebt bei mir viel zu selten, höchstens ab und zu auf der Couch beim Lesen, wenn ich mich eingekuschelt habe. Diesem guten Gefühl will ich mehr Raum geben. Ich überlege gerade: Vielleicht muss ich mir einfach auch einen anderen Job suchen. Oder meine Arbeitszeit reduzieren. Auf jeden Fall will ich etwas umkrempeln in meinem Leben.»

Krankenschwester Silke sagt: «Da geht es mir ganz ähnlich wie dir, Tanja. Mein Leben war immer stark von Pflicht und Leistung bestimmt. Vielleicht zu stark? Was mich besonders berührt hat, war das Bild vom angepassten, ängstlichen Kind-Ich. Das kenne ich nur zu gut: Die Angst, etwas falsch zu machen, anzuecken bei der Ärzteschaft oder auch sonst irgendwo negativ aufzufallen, zum Beispiel bei den Lehrern meiner Kinder, das sitzt bei mir echt tief. Auch damals, bei der fiesen Sache mit meinem Handballtrainer, habe ich mich zuallererst gefragt, was *ich* falsch gemacht hab. Dabei war der doch das Arschloch! Ich glaube, ich muss gut auf mein angepasstes Kind achten, dass das mitkommen kann. Und mein rebellisches Kind will ich ermutigen, öfter nein zu sagen. Was mein freies Kind mag, das ahne ich schon: Lachen und Blödeln. Davon brauche ich mehr!»

Die leistungsorientierte Physikerin Olga ist nachdenklich: «Ich gebe zu, ich bin per se immer erst einmal skeptisch, wenn es um Theorien außerhalb der Naturwissenschaften geht. Ich habe es gern nachweisbar, ich glaube ans Verifizieren und Falsifizieren. Doch das Modell der Ich-Zustände leuchtet mir tatsächlich intuitiv ein. Erwachsenen-Ich und kritisches Eltern-Ich sind bei mir auf jeden Fall sehr präsent, das war mir sofort klar – das fürsorgliche vielleicht eher weniger. Auch mein rebellisches Kind meldet sich regelmäßig, gerade in der Zusammenarbeit mit einigen älteren männlichen Kollegen aus der Univerwaltung. Da muss ich in Auseinandersetzungen bisweilen recht deutlich werden. Das kann ich aber. Von der Seite meiner Mutter habe ich allerdings auch das Angepasste. Ich will keinen Ärger. Na, und mein freies Kind, das lebt sich ziemlich stark in meiner Forschung aus. Und beim Musizieren. Doch ich habe so eine Ahnung, dass mein freies Kind immer zweckgebunden unterwegs sein muss – das ist eben nicht ganz frei, weil die anderen Ich-Zustände so enorm stark sind. Auch wenn mir etwas Spaß macht, kann ich nie ganz von meinem Leistungsdenken abstrahieren. Und beim Musizieren gilt ja: Wenn ich mehr übe, werde ich besser, also übe ich mehr. Das ist ein bisschen vertrackt bei mir. Manchmal beneide ich Leute, die spontan was Verrücktes tun, einfach mal einen Tag blaumachen und ans Meer fahren zum Beispiel. Einfach nur, weil sie Lust dazu haben. So etwas habe ich noch nie gemacht. Und jetzt frage ich mich: Was will ich wirklich? Vielleicht habe ich mir diese Frage bisher immer nur im beruflichen Kontext gestellt.»

Sonderpädagogin Birte seufzt und sagt dann: «Das fand ich total spannend eben mit dem freien Kind. Bei mir ist das auf jeden Fall auf Tauchstation. Schon länger, fürchte ich. Ich kümmere mich halt immer um die anderen: um die Kinder mit Handicap im Job, um mein Team, um meine Familie. Und ich? Puh, ich glaub das gar nicht, wie extrem mir das gerade auffällt. Ich komme in meinem eigenen Leben eigentlich kaum vor. Bei mir ist das fürsorgliche Eltern-Ich sehr aktiv – aber halt immer für die anderen, nicht für mich. Ich glaube, gleich muss ich heulen. Ich muss mein freies Kind richtig suchen. Ich frage mich, womit ich es locken könnte. Mal wieder Zeit zum Malen zu haben, das wär's. Oder Zeit zu zweit, ach Mensch …»

Susanne, die Werkstoffprüferin, sagt: «Ich kann mich an so viele Situationen aus meiner Kindheit erinnern, in denen ich mich extrem angepasst verhalten habe. Das rattert gerade bei mir im Hirn so richtig – ganz schön erschreckend. Auf mich trifft es definitiv zu, dass ich mich vom angepasst-ängstlichen Kind leiten lasse. Das rebellische Kind, das sich weigert, das nein sagt, das muss ich unbedingt hervorkitzeln. Nein sagen war fast unmöglich in meiner Kindheit. Und mein freies Kind? Ich bin gespannt, was das will … Früher bin ich gern tanzen gegangen. Vielleicht sollte ich das wieder mal machen?»

Dagmar lacht kurz, bevor sie sagt: «Erst hatte ich ein wenig Schwierigkeiten mit der Begrifflichkeit vom ‹freien Kind›, einfach weil mir als Lehrerin da sofort meine Schülerschaft vor Augen steht. Doch ich glaube, das Modell überzeugt mich. Tja, es sieht so aus, als hätte ich vor lauter Lehrerin- und Abteilungsleiterin-Sein einen wichtigen Teil meiner selbst nicht mehr beachtet. Deshalb bin ich so erschöpft. Ich habe weggeschoben, was mir Spaß macht. Mich begeistert das Bild vom inneren Feuer. Das muss hell leuchten, sonst ist alles Mist! Mein freies Kind will wieder mehr spielen, das spüre ich deutlich – und damit meine ich nicht nur Volleyball. Ich möchte mehr Freunde treffen, die mit Schule nichts zu tun haben. Das ist besser, als abends allein eine Flasche Wein aufzumachen.»

Zum Selbermachen: Wenn ich könnte, wie ich wollte …

Hier und jetzt bekommt das freie Kind einen richtig großen Entfaltungsraum. Erinnerst du dich an deinen Zauberwunsch? Am ersten Seminartag haben wir uns gefragt, was wäre, wenn wir zaubern könnten. Diese Anfangsfrage, der Zauberwunsch, war schon eine erste Einladung an das freie Kind. Jetzt ist es erneut eingeladen, sich noch viel, viel mehr auszudenken.

Denke groß und weit. Frage dich: «Wenn ich könnte, wie ich wollte … wenn Geld keine Rolle spielen würde … was würde ich dann tun, wie und wo und mit wem würde ich wohl leben wollen? Wenn ich noch weitergehe und mir vorstelle, ich bin 100 Jahre alt oder älter; vielleicht liege ich auf dem Sterbebett, vielleicht aber auch nicht; ich bin aber auf jeden Fall altersweise und schaue auf mein Leben zurück, was will ich dann sehen, damit ich sagen kann: Mein Leben war rund und schön, es war großartig, dass ich auf der Welt war? Auf was will ich zurückblicken? Was alles soll stattgefunden haben in meinem Leben?»

Du kannst frei durch die Zeiten wandern, damit alles auftauchen kann, was dir wichtig ist. Erinnere dich: «Was habe ich als Kind gern gemacht? Was wollte ich werden? Wovon habe ich geträumt? Was fand ich damals toll?» Erlaube dir auch, scheinbar unguten Gefühlen nachzuspüren: «Auf was und auf wen bin ich neidisch?» – im positiven Sinne: «Das hätte ich auch gerne!»

Und weil wir mit diesen spannenden Fragen das freie Kind ansprechen und Kinder ja noch nicht so gut lesen und schreiben können, verwenden wir Bilder für die Darstellung all der vielen tollen Ideen und Wünsche. Das hat auch den Vorteil, dass die phantasievollen Bereiche unseres Gehirns aktiviert werden und das Denken sich mal ausruhen kann. Lege dir dafür ein paar schöne Illustrierte mit einem großen Anteil an farbigen Fotos bereit, dazu einen festen, gerne auch größeren Bogen Papier, eine Schere und Klebstoff sowie Buntstifte oder Wachsmalkreiden, Krepppapier oder Glanzpapier – worauf du gerade Lust hast. Blättere nun durch die Zeitschriften, lass dich inspirieren und nimm dir, ohne viel nachzudenken, alles, was dir gefällt, heraus. Mach es dabei wie ein Kind vor Weihnachten und reiße alles raus, was du schön findest und haben willst: «Das finde ich toll, das will ich haben! So will ich leben!» Das kann ein eigner Hund sein, ein wilder Garten, ein Haus am Meer, eine glückliche Partnerschaft oder auch das Leben als erfolgreiche Businessfrau mit schickem Auto und edlen Kleidern. Manchmal findet man auch einen Satz, der einen anspricht und berührt. Immer her damit. Je mehr, desto besser. Man kann das auch gut mit anderen zusammen machen und dann Suchaufträge vergeben: «Wer von euch noch einen Hund findet, ich hätte gerne so einen großen, struppigen, braunen. Außerdem brauche ich dringend noch ein richtig schönes Klavier, am besten einen Flügel. Und ein köstlich eingedeckter, großer Esstisch muss unbedingt auch noch her.»

Wenn du genügend Material für deine Ideen und Wünsche beisammenhast, dann schneide dir die Motive zurecht, arrangiere sie auf dem bereitliegenden Bogen Papier und klebe sie auf. Gestalte, wenn du magst, das Gesamtwerk noch zusätzlich mit ausgewählten Farben oder ergänze es mit eigenen Zeichnungen, bis es stimmt: So soll es aussehen, das schöne runde, bunte Leben!

Entspannungsübung: Musik

Mach es dir an einem ruhigen Ort bequem. Lege oder setze dich auf eine Matte oder eine dicke Decke oder wo immer es dir gut geht; es kann auch ein Stuhl oder Sessel sein. Wenn es möglich ist, ziehe deine Schuhe aus und lockere den Gürtel. Wo und wie auch immer: Lass es dir richtig gut gehen ... Wenn du magst, schließe die Augen ... Komm zu dir selbst und spüre, wie du daliegst, wie du dasitzt ... Nimm wahr, wie deine Unterlage, der Boden und durch alles hindurch die Erde dich trägt ... und genieße, wie du mit jedem Ausatmen mehr und mehr zur Ruhe kommst ...

Musik-Genuss

Vertiefe deine nun schon langsam eintretende Entspannung durch eine ruhig getaktete, leise Musik, die du sehr gerne hörst. Das Stück solltest du dir vorher schon ausgesucht haben, und auch das entsprechende Übertragungsmedium sollte – einschließlich der Lautstärke – bereits gut eingestellt sein. Je nach Länge deiner Entspannungszeit kannst du dir dafür verschiedene Kompositionen aufspie-

len oder auch dasselbe Stück mehrfach hintereinanderlegen.

Wenn du dich zunächst selbst in Ruhe wahrgenommen hast, tauche ein in die Welt deiner Lieblingsmelodien und lass dich durchfluten von der Schönheit der Musik.

Nimm wahr, wie sich die Klänge immer weiter in dir ausbreiten und die Harmonien dich leicht werden lassen und für eine kleine Weile davontragen ...

Lass nun das Erlebte noch eine Weile in dir nachklingen ... spüre, wie du daliegst oder dasitzt, und wenn du magst, lausche noch eine kleine Weile in den Raum hinein ... Wenn du dich wieder ganz angekommen fühlst, atme einige Male sehr tief, dehne und rekele dich und komm komfortabel, vielleicht über eine Seite gerollt, wieder zum Sitzen. Halte das wohlige Körpergefühl, während du deine Augen öffnest und deine Aufmerksamkeit langsam wieder deiner Umgebung zuwendest.

Wieso Musik entspannt

Musik begleitet unser Leben. Ganze Lebensphasen haben ihren eigenen Soundtrack. Übermütig, traurig, fröhlich, besinnlich, kraftvoll, zornig, zart. Immer sind mit Musik auch Gefühle verbunden und eine äußere und innere Bewegung. Manchmal möchten wir nur still sitzen und lauschen, manchmal möchten wir mitsingen, manchmal möchten wir tanzen. Musik zieht uns aus dem engen Alltag und verbindet uns mit einer weiteren Dimension.

Mit Musik können wir Erinnerungen wachrufen, unsere Stimmungen verstärken und vielleicht sogar unsere Gefühle verändern. Wir können träumen, singen, tanzen, trommeln, stampfen, schreien, lachen. Mit Musik haben wir Einfluss auf unser Wohlbefinden. Jederzeit.

Mein Leitstern

Nach der musikalischen Pause hängen die Teilnehmerinnen ihre gestalteten Werke an die Wand. Wir betrachten die farbenprächtigen Bilder, und die Frauen erläutern sie. Hier finden sich ihre Sehnsuchtsorte, Kraftquellen, Vorstellungen und Wünsche. So soll es also aussehen, das Leben – wahre Zukunftspanoramen!

Um diese Zukunftsperspektiven auch sprachlich treffend zu benennen, soll die Gruppe zuerst jeweils einen Titel für das gezeigte Panorama vorschlagen. Dieser Titel dient als Leitstern am Firmament. Er ist die große Sonne, die uns den Weg in die Zukunft weist.

Damit wir die Fülle all des Schönen, das das freie Kind sich wünscht, aber auch ein wenig sortiert bekommen, ist es hilfreich, sich in einem zweiten Schritt einen kleinen Bereich herauszugreifen, der uns besonders wichtig ist und uns deshalb wie magisch anzuziehen scheint. Dazu fragen wir uns: Worauf habe ich spontan besonders Lust? Was brauche ich unbedingt? Was drängt? Was kann vielleicht schnell und einfach verwirklicht werden? Und was wollte ich längst schon mal in Angriff nehmen? Das ist dann unsere kleine Sonne, konkret und erreichbar – ein erster Fixpunkt in der nahen Zukunft, der hoffnungsfroh leuchtet.

Sowohl die große als auch die kleine Sonne landen anschließend als große und kleine gelbe Karte auf der Pinnwand der Urheberin.

Dagmars Bild ist voller Menschen: Eine junge Frau im Sportdress findet sich dort ebenso wie eine Gruppe cooler Teenager mit Skateboards. Auffallend sind die knalligen Farben: Ein Strauß roter Pfingstrosen steht auf einem Tisch mit heller Tischdecke im Grünen. Rundherum sitzen entspannt wirkende Menschen beim Essen. Im Hintergrund leuchtet die Abendsonne. Die Lehrerin Dagmar sagt: «Beim Gestalten der Collage habe ich gemerkt, wie wichtig mir der Austausch mit anderen ist – das brauche ich einfach, damit es mir gut geht. Das war mir gar nicht so klar. Und dazu gehören regelmäßige soziale Kontakte, die mit der Schule nichts zu tun haben. Das relativiert dann auch die Probleme im Job.» Die Teilnehmerinnen schlagen als Titel «Glückliche Gemeinschaften» vor. «Das passt», freut sich Dagmar. «Das passt für die Schule, dafür stehen die Teenager auf meinem Bild, und es passt genauso im Privaten. ‹Glückliche Gemeinschaften› – das ist meine große Sonne.» Diesen Titel schreibt Dagmar als ihren Leitstern auf die große runde Karte. Und sie weiß auch sofort, was sie als ihre kleine Sonne zuerst in Angriff nehmen möchte: «Hier die coolen Sneakers und die fröhliche Tischgesellschaft stehen dafür, dass ich nicht nur wieder jede Woche zum Volleyball gehen, sondern unbedingt die ganze Volleyball-Truppe zu mir in den Garten zum Grillen einladen will. Platz genug habe ich ja! Ich habe wieder richtig Lust, ganz unterschiedliche Menschen um mich zu haben und gemeinsam schöne Zeiten zu verbringen!» Auf ihre kleine runde Karte schreibt Dagmar «Gäste einladen».

Die Collage der Sonderpädagogin Birte strahlt Wärme und Ruhe aus. Man sieht einen sommerlichen Strand, spielende Kinder und eine Staffelei mit Farben und Pinsel. Außerdem das Foto eines Paares, das mit Blick aufs Meer ein romantisches Dinner zu zweit genießt. Die Gruppe schlägt als Titel zunächst «Sommerromantik» vor. «Ich weiß nicht, das klingt in meinen Ohren ein bisschen arg kitschig», sagt Birte. «Ich bin ja eher so der pragmatische Typ.» «Wie wäre es dann vielleicht mit ‹Schöne Aussichten›?», fragt Olga. Birte erwidert: «Ja, das ist gut, schöne Aussichten … mal wieder außerhalb des Alltags in die Weite schauen können, das ist die Perspektive, die ich brauche. Als ich gesehen habe, wie glücklich das Paar auf dem Foto aussieht, ist mir klargeworden, wie sehr mir gemeinsame Unternehmungen mit meinem Mann fehlen. ‹Wieder mehr Zweisamkeit› – das ist meine kleine Sonne.»

Olgas Bild zeigt u. a. einen Flügel in einem Konzertsaal, ein Streichquartett, ein prächtiges Unterwasserpanorama, eine Cocktailbar, ein Bild von St. Petersburg bei Nacht sowie eine Gruppe von Forschern, die diskutierend um eine Apparatur herumsteht. Ziemlich im Zentrum sieht man das Foto einer gut angezogenen älteren Dame. Ein vielschichtiges Bild, das die Teilnehmerinnen nach einiger Diskussion dann auch so benennen: «Vielschichtige Gestaltungsräume». Die Physikerin nickt und sagt: «Ja, das passt. Es gibt so viel mehr in meinem Leben, als ich in letzter Zeit wahrgenommen habe. Mein Fokus lag doch stets stark auf der Hochschule – ich habe da natürlich viel um die Ohren, ich mache das ja auch sehr gern. Meine Arbeit in der Forschung gibt mir viel. Aber – und das überrascht mich selbst – ich kann sie als wichtigen Teil meines Lebens auf der Grundlage meiner anderen vielfältigen Schichten vermutlich noch sehr viel besser gestalten. Für mich und für die anderen.» Olga weist auf die alte Dame in der Mitte: «Mir ist klargeworden, wie wichtig mir meine Herkunftsfamilie ist – und hier ganz besonders meine Mutter.» Ihre Stimme zittert ein wenig. «Meine Familie, da sind meine Wurzeln, von dort bekomme ich so viel Kraft. Darum will ich mich jetzt wieder mehr kümmern. Meine Mutter, das ist meine kleine Sonne.» Und so schreibt sie es sich auf die zweite runde Karte.

Verkäuferin Tanja hat ein Panorama gestaltet, das viel Natur zeigt: einen lichtdurchfluteten Laubwald, eine Blumenwiese, einen Gebirgsbach, einen Sonnenuntergang. Außerdem einen gemütlichen Sessel mit Büchern daneben und zwei schöne getigerte Katzen. Die Teilnehmerinnen schlagen als Titel «Freiraum Natur» vor. Tanja stutzt. «Hm, ich weiß ja nicht. Eigentlich bin ich eher selten draußen. Entweder ich arbeite, oder ich bin zu Hause. Susanne erwidert: «Aber da ist total viel Grün auf deinem

Bild. Hast du eine Ahnung, warum?» Tanja überlegt eine ganze Weile. Dann sagt sie: «Ich bin früher gern wandern gegangen, das habe ich irgendwann aufgehört. Warum, weiß ich gar nicht so genau.» Tanja zeigt auf einen verschlungenen Waldpfad auf ihrem Bild: «Diesen Weg möchte ich gern gehen. Vielleicht führt er mich in neue Gegenden. Wer weiß? Kann ja sein, dass ich mir mehr Zeit fürs Wandern nehmen sollte. Wenn ich so darüber nachdenke ... Waldspaziergänge, Wanderausflüge allein und mit anderen. Das könnte meine kleine Sonne sein. Vielleicht auch mit einem Wanderclub. Na gut, vielleicht passt der Titel doch.»

Silke, die Krankenschwester, hat auf ihrem Bild einen Konferenztisch in der Mitte angeordnet, an dem ganz unterschiedliche Menschen sitzen und reden. Außerdem hat sie eine farbig gemusterte Patchworkdecke gezeichnet. Und es gibt ein Zirkuszelt, aus dem ein Clown mit roter Nase herausschaut. Ein buntes Bild. Die Gruppe schlägt als Titel vor: «Austausch und Spaß in der Gemeinschaft». Silke sagt: «Ja, das geht in eine gute Richtung. Das könnte meine große Sonne sein. Der Konferenztisch steht tatsächlich für den Austausch. Denn das ist mir aufgefallen beim Gestalten dieses Bildes: Mir fällt es schwer, Hilfe zu holen und Hilfe anzunehmen. Ich denke immer, ich muss alles allein hinkriegen. Aber das ist eben Quatsch. Es ist doch eigentlich super, wenn man etwas gemeinsam schafft. Neulich hat mir mein Freund sogar finanzielle Hilfe angeboten – und ich habe sofort abgelehnt. Aber vielleicht überlege ich mir das noch mal. Die bunte Decke steht für meine Patchworkfamilie. Auch da will ich mehr fröhliche Gemeinschaft und Austausch. Deshalb auch der Clown. Das ist meine kleine Sonne. Damit will ich anfangen.»

Susannes Panorama ist ein wahrer Augenschmaus: An einer Seite sieht man eine offene, stylishe Wohnküche mit perfekt gedecktem Tisch: Quiche, Salat, Ciabatta, langstielige Weißweingläser und ein extravaganter Kerzenleuchter. Man erkennt Susannes Stil. Auffallend ist auch das Foto einer Tangotänzerin. Und in der Mitte des Bildes sieht man eine Frau gemütlich auf dem Sofa sitzen. Die Gruppe schlägt als Titel «Mein sinnlich schönes Leben» vor. Susanne gefällt er. Sie sagt: «Die Frau auf dem Sofa sieht so entspannt aus. Einfach auch mal nichts tun. Wie köstlich muss das sein? Warum mache ich eigentlich dauernd Überstunden? Vertraglich vereinbart ist das nicht. Und ich will wieder tanzen – am liebsten Tango mit meinem Mann – das ist meine erste kleine Sonne.»

Was die Seminarteilnehmerinnen getan haben, geht natürlich genauso gut zu Hause: Du kannst dich selbst fragen oder auch eine Gruppe lieber Menschen, welchen Titel sie deinem Zukunftspanorama geben würden. Passt er? Dann schreibe deinen Leitstern, deine große Sonne, auf und hänge sie an die Pinnwand. Betrachte dann dein Bild erneut und frage dich: Was hat Priorität? Was will ich in meinem Leben sofort anders machen? – Ein Element wird dich anspringen und dir sagen, komm, das ist der Augenblick: verwirkliche mich. Lass mich deine kleine Sonne sein!

Zukunftsperspektiven – Warum Ziele groß sein müssen

Die Zukunftspanoramen zeigen uns die Räume, in denen wir uns wohlfühlen. Das freie Kind hat sie gestaltet und uns gesagt: So will ich es haben, so soll es sein, das ist mein Ziel. Nun ahnen wir schon – auch weil wir die anderen Ich-Zustände kennen und um deren Einfluss auf unser Leben wissen –, dass Ziele groß sein müssen, damit wir sie in den Irrungen und Wirrungen des Alltags nicht aus den Augen verlieren. Dieses große Ziel, die große, hell strahlende Sonne ist unser Leitstern, unser Richtungsgeber. Wie der Polarstern, der uns bei der Orientierung hilft und den wir doch nie erreichen. Es geht also darum, sich auf den richtigen Weg zu begeben und zur Begleitung aus dieser großen Sonne kleine Sonnen ins Leben zu holen, die leuchten und wärmen.

Fünfter Tag: Raus in die Welt

Vom Umgang mit Stolpersteinen

Unser letzter Tag in der gemeinsamen Seminargruppe bricht an. Bevor es losgeht, beim Morgenkaffee, höre ich Birte zu Silke sagen: «Lass uns unbedingt miteinander in Kontakt bleiben, ich bin so gespannt, wie es bei dir weitergeht.» In den vergangenen Tagen ist das Vertrauen der Frauen zueinander stetig gewachsen. Viele Aha-Erlebnisse und Erkenntnisse zur eigenen Work-Life-Balance haben sich in der Gruppe entwickelt oder wurden durch das Zusammenwirken der Teilnehmerinnen vertieft. Nun geht es für jede von ihnen bald wieder raus in die Welt. Da ist es gut zu wissen, dass wir Verbündete haben.

Wir wollen neue Wege gehen. Doch neue Wege müssen erst erschlossen und gebahnt werden. Dabei können wir auf Unwegsamkeiten oder Hindernisse treffen: Vielleicht gibt es fordernde Anstiege oder loses Geröll unter den Füßen, womöglich müssen wir Umwege gehen, auch mal auf unbefestigten Pfaden laufen, Gratwanderungen unternehmen. Wir können uns verlaufen und vielleicht sogar verzweifeln. Dann doch lieber zurück auf die vertrauten Pfade. Die kennen wir, die sind komfortabel. Über die Jahre sind sie vielleicht sogar richtig gut ausgebaut worden, wie eine Autobahn. Verführerisch sind sie, diese leichten, schnellen Wege. Ganz besonders, wenn es schwierig wird, wenn die neuen Wege voller Stolpersteine sind, lockt die vertraute, sichere Autobahn. Nur findet sich dort leider nicht das lebendige, lustige Leben. Die Autobahn ist nicht der Ort für das freie Kind.

Wie also herunterkommen von den eingefahrenen Wegen, wie herauskommen aus den Irrungen und Wirrungen des Alltags? Wie die Spur im Auge behalten, die zu neuen anregenden Erlebnissen und Erkenntnissen führt?

Eine Geschichte aus der griechischen Mythologie zeigt uns die Lösung. Die Sage erzählt vom gefährlichen Minotaurus, der – halb Mensch, halb Stier – auf Kreta in einem Labyrinth haust und die Menschen bedroht. Minotaurus verlangt, dass die Athener ihm alle neun Jahre sieben Jungfrauen und sieben Jünglinge zum Fraß vorwerfen. Viele jungen Helden versuchen vergeblich, Minotaurus zu erlegen – stets kommen sie bei Kampf oder Flucht in diesem Labyrinth ums Leben. Als der schreckliche Blutzoll ein drittes Mal erbracht werden soll, schleust sich der athenische Königssohn Theseus in den Kreis der Verdammten ein. Auf Kreta verliebt er sich in Ariadne, die ihm für den Kampf gegen den Minotaurus ein Wollfadenknäuel mitgibt. Theseus befestigt ein Ende des Knäuels am Eingang des Labyrinths und wickelt den Faden ab, als er das Labyrinth betritt. Er kämpft mit dem Minotaurus und tötet ihn. Mit Hilfe des Fadens gelingt es Theseus, wieder aus dem Labyrinth herauszufinden – und er wird zum Helden.

Genau so einen Ariadnefaden brauchen auch wir für die Irrungen und Wirrungen unseres Alltags. Einen Faden, der uns immer wieder aus dem Alltagslabyrinth herausführt, hin zu unserem eigentlichen Weg, hin zu unseren kleinen Sonnen. Diesen Faden werden wir nun gemeinsam drehen – für jede Seminarteilnehmerin, für jede Leserin einen eigenen, persönlichen Ariadnefaden.

Das Material dafür haben wir in den letzten Tagen gesammelt. Angefangen mit dem Zauberwunsch, über den das freie Kind-Ich schon ganz gut Bescheid wusste, über die Energiebringer im Alltag, die sehr persönlichen Ressourcen, die sich auf dem eigenen Lebensweg so vielfältig und deutlich gezeigt haben, über die herausfordernde Infragestellung der bisherigen Weltsicht in Bezug auf Arbeit und die kraftvolle Neujustierung der einengenden Grundannahmen – anstrengend und befreiend zugleich – bis hin zur Weisheit des freien Kindes, das die persönlichen Kraftquellen so gut kennt. Nun leuchtet der Leitstern, und die ersten kleinen Sonnen tauchen auf.

Auf dem langen Weg dorthin sind wir oftmals sehr in die Weite gegangen, um dann im Abschluss die jeweiligen Erkenntnisse in einem Satz oder mit einem Begriff verdichtet zusammenzufassen und auf einer Karte festzuhalten. Jede für sich. Alles gesammelt auf der eigenen Pinnwand – wie lauter lose Fäden. Und aus diesen losen Fäden drehen wir jetzt für jede einen einzigen, starken Faden, einen einzigen Satz. Den ganz persönlichen Ariadnefaden.

Zum Selbermachen: Mein Ariadnefaden

Schreibe für dich einen Kraft- und Leitsatz als persönlichen Ariadnefaden auf, positiv formuliert, kurz und knackig zum Auswendiglernen. Jederzeit parat und so stabil, dass er über jeden noch so nervigen Stolperstein hinweghilft.

Nimm dir Zeit dafür und drehe und ergänze so lange, bis dein Satz wirklich ganz geschmeidig ist und als Teil von dir jedes Mal, wenn du ihn brauchst, selbstverständlich zur Verfügung steht.

Beginne mit einem Entwurf, der verschiedene Alternativen bereithält. Dann wähle aus und füge vielleicht noch etwas hinzu. Achte dabei darauf, dass der gesamte Satz schön griffig bleibt. Hilfreich sind auch hier wie immer aufmerksame Menschen, die dich mögen und fördern wollen. Manchmal sehen die etwas Wesentliches, das unbedingt noch mit dazu muss, während anderes vielleicht selbstverständlich ist und deshalb nicht diesen besonderen Platz braucht.

Der Satz besteht aus folgenden vier Elementen, die du nacheinander füllen kannst: Ich bin ... und liebe ...; ich bin eine ... Frau und auf dem Weg ...

Zur Erläuterung:

1. Ich bin ... — hier trägst du deinen Namen ein, das kann nur dein Vorname oder auch dein Vor- und Nachname sein. Wichtig ist, dass du dich damit vollständig identifizierst.

2. und liebe ... — hier kannst du Elemente aus deiner Collage und auch noch anderes einsetzen. Es darf sich auch gerne scheinbar widersprechen. Susanne könnte hier zum Beispiel schreiben: «... und liebe die stilvolle Extravaganz, den Tanz und das Loslassen auf dem Sofa.»
3. ich bin eine ... Frau — hier fügst du den Satz vom dritten Tag ein, den du bereits nach deinem Ressourcenprofil als Königin aufgeschrieben hast. Zum Beispiel so: «... ich bin eine kluge, kreative und fröhliche Frau ...»
4. und auf dem Weg ... — hier formulierst du dein Ziel. Dieses Ziel darf nicht zu konkret sein, zum Beispiel «... und auf dem Weg mit meinem Mann Tango tanzen zu lernen», denn das hat sich als kleine Sonne ja schnell erfüllt, und dann könntest du weitere wesentliche Elemente deines Lebens aus den Augen verlieren. Es darf aber auch nicht zu allgemein werden, denn du willst ja eine deutliche Ausrichtung haben. Hier passt also durchaus die große Sonne, die du als starkes Bild in dir trägst. Bei Susanne wäre das zum Beispiel «... und auf dem Weg in mein sinnlich schönes Leben».

«Das gehört doch bei dir auch noch dazu»

Das Drehen des Ariadnefadens dauert seine Zeit. Konzentriert sitzen die Seminarteilnehmerinnen über ihren Entwürfen. Sie notieren und überlegen. Sie streichen Geschriebenes wieder durch und schreiben neu. Trotz all des gesammelten Materials ist es gar nicht so einfach, den Kraft- und Leitsatz für sich selbst zu stricken. Schon allein das zweimalige «Ich bin ...» stellt eine Herausforderung dar. So etwas machen wir im Alltag kaum. Doch wenn jemand anderes uns dabei hilft, geht es gleich viel leichter.

Olga beginnt als Erste damit, ihren Satz den anderen vorzulesen. In ihrer ersten Fassung lautet er: «Ich bin Olga Rybakowa und liebe die Suche nach wissenschaftlichen Lösungen, meine Bratsche und meinen Freund. Ich bin eine zielstrebige und lebenslustige Frau und auf dem Weg, meinen Gefühlen mehr Raum zu geben.» Birte erwidert: «Ich finde, der Satz nähert sich deiner Person schon, aber er spiegelt nur in Teilen, wie viel Energie du ausstrahlst. Das klingt so brav – so kommst du mir gar nicht vor. Und er zeigt auch nicht, wie gut du dich beruflich in deinem männerdominierten Fachbereich durchgesetzt hast. Du bist doch viel kraftvoller!» Die Gruppe stimmt Birte zu und diskutiert lebhaft. «Und was ist eigentlich mit deiner Mutter? Die ist doch auch total wichtig!», ergänzt Dagmar. Es gibt mehrere Vorschläge, und schließlich lautet Olgas Leitsatz so: «Ich bin Olga Rybakowa und liebe die Arbeit in der Wissenschaft, das Musizieren, meinen Freund und meine Herkunftsfamilie; ich bin eine energiegeladene und lebenslustige Frau und auf dem Weg, meine vielschichtigen Gestaltungsräume zu erkunden und mit meinen Wurzeln weiter zu wachsen.»

Verkäuferin Tanja trägt der Gruppe den Entwurf ihres Kraftsatzes vor: «Ich bin Tanja und liebe das Lesen, das

Wandern und meine Katze. Ich bin eine humorvolle, nette und sensible Frau und auf dem Weg, mir mehr Raum zu suchen.» Susanne erwidert spontan: «Nett ist eigentlich untertrieben, finde ich. Du hast so ein freundliches Wesen, du bist wirklich liebenswert.» Olga nickt, schaut sinnierend vor sich hin und ergänzt dann: «Außerdem könntest du überlegen, was für eine Sorte Raum du dir suchst.» Tanja denkt noch einmal nach, und alle helfen mit, bis ihr Satz folgendermaßen lautet: «Ich bin Tanja und liebe das Lesen, das Wandern und meine Katze; ich bin eine humorvolle, sensible und liebenswerte Frau und auf dem Weg raus in diese schöne Welt.»

Die erste Version des Leitsatzes der Krankenschwester Silke klingt so: «Ich bin Silke und liebe meine Kinder und das Lachen. Ich bin eine warme, zugewandte und belastbare Frau und auf dem Weg, mir auch mal Hilfe zu holen.» Birte sagt: «Das klingt doch schon mal gut. Gestern hast du, glaube ich, noch vom Austausch mit anderen gesprochen, der dir wichtig ist.» Die Gruppe macht noch ein paar Vorschläge, bis Silkes Leitsatz schließlich diese Form findet: «Ich bin Silke und liebe meine Kinder, den Austausch mit anderen und das Lachen; ich bin eine warmherzige, zugewandte und belastbare Frau und auf dem Weg, mir genussvoll Hilfe zu holen.»

Susanne, die Werkstoffprüferin, hat sich ihren Kraftsatz fürs Erste so zurechtgelegt: «Ich bin Susanne Barkow und liebe meine Familie. Ich bin eine zuverlässige und liebevolle Frau und auf dem Weg zu begreifen, wann ich nein sagen darf.» «Zuverlässig und liebevoll bedenkt wieder nur die anderen», wirft Birte ein. «Außerdem ist es viel zu sehr auf freundliche Pflichterfüllung bezogen. Das muss doch nicht noch betont werden. Und du liebst doch auch noch viel mehr als nur deine Familie. Guck doch mal auf deine Collage, was da alles Tolles drauf ist.» Dagmar ergänzt: «Außerdem muss das Nein dir niemand erlauben, das nimmst du dir einfach, wenn du was Besseres vorhast!» Also formuliert Susanne noch einmal ein wenig um: «Ich bin Susanne Barkow und liebe mich, meine Familie, die Ruhe und den Tanz; ich bin eine fröhliche und kluge Frau auf dem Weg in mein sinnlich schönes Leben.»

Birtes Leitsatz lautet in der ersten Fassung: «Ich bin Birte und liebe meinen Beruf als Sonderpädagogin und meine Familie. Ich bin eine hilfsbereite und kreative Frau und auf dem Weg, Fürsorge für mich selbst einzusetzen, damit ich auch Hilfe bekomme.» Olga sagt: «Stimmt, du musst das Hilfsbereite, das du immer anderen zukommen lässt, einfach auch für dich einsetzen. Aber die schönen Aussichten, die wir auf deiner Collage gesehen haben, kommen gar nicht vor.» Nach einiger Diskussion rundet sich Birtes Satz: «Ich bin Birte und liebe meinen Beruf als Sonderpädagogin, meine Kinder, die Zweisamkeit mit meinem Mann und immer wieder schöne Aussichten; ich bin eine kraftvolle und feinfühlige Frau und auf dem Weg, mich selbst fürsorglich in den Mittelpunkt meines Lebens zu stellen.» Birte lacht und sagt: «Das ist richtig gut, denn wenn ich mich selbst in den Mittelpunkt stelle, komme ich bei den vielen Aufgaben und Anforderungen nicht aus der Balance.»

Dagmar, Lehrerin und Abteilungsleiterin, stellt uns als Letzte ihren Entwurf vor: «Ich bin Dagmar Laufert und liebe glückliche Gemeinschaften und ruhige Zeiten nur für mich; ich bin eine herzliche Frau, die sich gerne bewegt und auf dem Weg, mein freies Kind wieder spielen zu lassen.» «Wow, das klingt super», sagt Susanne. «Müssen wir hier noch etwas verändern?», fragt Silke. «Ich glaube, das passt perfekt», ruft Olga. Dagmar nickt und strahlt.

Eine öffentliche Absichtserklärung

Nun haben wir alle einen Kraft- und Leitsatz – und den wollen wir stets parat haben. Deswegen lernen wir ihn auswendig. Denn aus der Forschung wissen wir: Neue neuronale Verbindungen werden immer dann besonders gut geknüpft, wenn sie häufig benutzt werden. Deswegen müssen wir auch bei Handlungen, die wir täglich oder gewohnheitsmäßig ausführen, nicht mehr nachdenken, wie wir das tun – zum Beispiel beim Zähneputzen –, das erledigen wir einfach. Und deshalb ist es so hilfreich, unseren Kraftsatz auswendig zu können. Immer wenn wir auf ein Hindernis treffen, müssen wir ihn lediglich aus dem Gedächtnis abrufen und wissen gleich wieder, wer wir sind, was uns ausmacht und wohin die Reise gehen soll.

Im Seminar lernen wir den Kraftsatz gemeinsam auswendig und holen uns dabei Hilfe von der Musik. Jede

Teilnehmerin spricht zunächst ihren Satz laut vor sich hin, bis er sich schon ganz gut eingeprägt hat. Das Lernen geht noch leichter, spielerischer, wenn wir dazu Musik anmachen und tanzen. Alle Frauen halten beim ausgelassenen Tanz die Karte mit ihrem Leitsatz in der Hand. Wenn die Musik plötzlich stoppt, sucht sich jede Frau eine Partnerin und trägt ihr den eigenen Kraftsatz vor. Erst ist die eine dran, dann die andere. Wenn wir den Satz laut aussprechen und dabei jemandem in die Augen sehen, bekennen wir deutlich unsere Absicht, die neuen Wege zu gehen.

Noch eindrucksvoller wird diese Absichtserklärung, wenn wir sie öffentlich machen, das heißt, wenn jede Frau zum Schluss allein nach vorne tritt und ihren persönlichen Leitsatz selbstverständlich, deutlich und freundlich vor den anderen kundtut. Die anderen sind unsere Zeugen. Sie hören und sehen, bekräftigen und applaudieren – das stärkt und tut gut!

In einem Satz zu mir selbst

Nach dem Tanzen und der Absichtserklärung setzen sich die Teilnehmerinnen wieder, alle sind beschwingt und noch ein wenig außer Atem. Jede will noch etwas loswerden.

«Wow, das Aussprechen meines Satzes hat sich richtig gut angefühlt», ruft Silke. «Ich war vor dem Seminar so ein bisschen gestrandet. Und jetzt habe ich tatsächlich so etwas wie einen Anker: ‹Mir genussvoll Hilfe holen›, das mache ich ab jetzt bei Stress im Krankenhaus. Und auch in der Familie.» Birte sagt: «Mir ging es ähnlich. Mit meinem Satz, überhaupt in diesem Seminar habe ich wieder ein Stückchen zu mir selbst gefunden. Jetzt kann ich einen fürsorglicheren Blick für mich entwickeln.» Tanja schließt sich an und sagt: «Getanzt habe ich schon ewig nicht mehr. Schön war das! Mir gibt mein Satz Halt. Und er zeigt mir, dass ich rausmuss aus meinem Schneckenhaus. Ich war doch ziemlich verpanzert.» Dagmar merkt an: «Ich habe – auch durch den Kraftsatz – einen neuen Fokus gewonnen auf das, was ich an meiner Situation ändern kann. Und das Gute ist: Ich kann es spielerisch tun.» Susanne sagt: «Das Tanzen war toll! Ich habe in diesem Seminar ganz viel über mich und mein Verhältnis zu Arbeit gelernt. Mein Satz wird mir helfen, mich leichter zu vergnügen.» Und Olga bemerkt: «Ich hätte es wirklich nicht gedacht, aber in diesem Seminar habe ich in einem Satz wieder zu mir selbst gefunden.»

Kluge Menschen holen sich Hilfe!

Unsere Kraftsätze haben uns an mehreren Stellen gezeigt: Es ist gut, sich Hilfe zu holen. Und es ist wichtig, sich das ins Bewusstsein zu rufen, gerade, wenn es nun wieder zurück in den fordernden Alltag gehen soll. Ein klassischer

Glaubenssatz, der mir in den Seminaren immer wieder begegnet, lautet: «Ich kann das allein.» Natürlich ist es gut, Dinge allein und selbständig erledigen zu können. Die Frage lautet nur, ob das immer so sein muss. Vielleicht müssen wir ja gar nicht alles allein machen – selbst wenn wir es können. Selbst wenn wir es vielleicht sogar besser und schneller können als jemand anderes. Es ist doch gut, wenn auch andere etwas können. Wenn wir uns helfen lassen, können wir sogar andere glücklich machen. Denn wenn wir jemand anderem etwas Gutes tun, werden in unserem eigenen Körper dieselben Wohlfühlhormone ausgeschüttet wie bei denjenigen, die das Gute bekommen. Wir sollten also anderen die Chance geben, uns zu helfen. Dann werden beide glücklich. Deshalb können wir den oben zitierten Glaubenssatz «Ich kann das allein», ohne uns etwas zu vergeben, zu aller Wohl erweitern: «Selbst Hilfe holen kann ich allein.»

Da meldet sich Olga zu Wort: «Ich bin ja beruflich echt viel unterwegs – im Flieger, aber auch im Zug. Und irgendwann habe ich beschlossen, dass ich meine schweren Koffer nicht mehr allein rumwuchten muss. Laptop und Powerbank habe ich sowieso immer dabei. Zusammen mit Papierunterlagen, Büchern und Kleidung für eine Konferenzwoche ist mein Gepäck schnell richtig schwer. Wenn dann der ICE sehr voll ist, muss das Gepäck nach oben in die Ablage gehievt werden. Das ist eine richtige Plackerei. Natürlich packe ich verteilt auf mehrere Gepäckstücke, sodass ich das notfalls auch allein schaffe. Aber wenn es möglich ist, bitte ich stets einen kräftigen Mann, mir zu helfen, den großen schweren Koffer oben zu verstauen. Das tut derjenige fast immer. Manchmal stöhnt einer und sagt: ‹Oh, der ist aber wirklich schwer.› Und dann erwidere ich: ‹Ja, der ist wirklich sehr schwer, aber Sie sind auch sehr stark. Vielen Dank!› Dann freut er sich, dass er helfen konnte, und ich freue mich über die Entlastung.»

Olgas Geschichte ist ein großartiges Beispiel für eine echte Win-win-Situation. Hilfe holen ist kein Ausdruck von Schwäche, sondern vielmehr von sozialer Kompetenz. Wir müssen lediglich Abschied nehmen von der Vorstellung, alles allein schaffen zu müssen. Wir sind soziale Wesen, und in der Kooperation sind wir am besten.

Es kann sich dabei um kleine Hilfen handeln, wie in Olgas Beispiel, die mit einem strahlenden Dankeschön vergolten werden. Es können aber auch größere Hilfen sein, die zum Ausgleich eine Gegenleistung erfordern, manchmal auch in Form von Geld. Zur eigenen Entlastung kann das eine Haushaltshilfe sein, ein Babysitter oder Hausaufgabenhilfe für die Kinder. Und manchmal brauchen wir eine professionelle Wegbegleitung, um bei den vielen Stolpersteinen in unserem Dasein nicht zu stürzen oder uns leichter wieder aufzurichten. So eine Wegbegleitung für ein Stück des Lebensweges kann sehr hilfreich sein – ganz gleich, ob es sich dabei um ein Coaching, eine Beratung oder auch eine Psychotherapie handelt. Wir können uns dabei passgenau das suchen, was wir brauchen.

Das Geld für ein Coaching ist fast immer gut investiert, selbst wenn es nur ein paar Stunden sind, wie beispielsweise bei einem Karrierecoaching. Wenn man sein Potenzial weiter entfalten und interessante Ziele erreichen möchte, wenn mehr große und kleine Sonnen im eigenen Leben leuchten sollen, dann kann ein Coaching auf dem Weg dahin gute Dienste leisten.

Bei Schwierigkeiten in der Beziehung oder mit den Kindern wiederum empfiehlt sich eine Paar- oder Familienberatung, die oft relativ preiswert von staatlichen oder kirchlichen Trägern angeboten wird. In allen Beziehungen gibt es Momente, in denen man spürt, dass man festhängt, dass man sich zum Beispiel nicht gut über die eigenen Bedürfnisse miteinander verständigen kann. Da kann es sinnvoll sein, eine Übersetzungshilfe zu haben, die alle Sichtweisen hört und wechselweise übersetzt. Wenn es gut läuft, dann wissen die freien Kinder schon bald wieder, wie sie miteinander spielen können.

Und falls man das Gefühl haben sollte, dass da viele alte Geschichten sind, die man gern genauer betrachten möchte, kann man sich für eine Psychotherapie entscheiden. Grundsätzlich sollte man zwar keine schlafenden Hunde wecken. Es ist gut und richtig, dass wir die Fähigkeit haben, schlimme Erfahrungen innerlich wegpacken zu können, sodass sie uns im Alltag nicht stören. Doch wenn die schlafenden Hunde aufwachen, wenn sie rumoren oder sich gar zu Ungeheuern entwickeln und ständig seelische Aufmerksamkeit von uns fordern, dann ist es gut, sich von Profis Hilfe zu holen, die sich mit solchen Ungeheuern auskennen und uns dabei unterstützen, sie auf ihren angemessenen Platz zu verweisen. Dann ist es gut, eine Psychotherapeutin oder einen Psychotherapeuten an der Seite zu haben, die sich mit seelischen Nöten auskennen und behutsam wieder Ruhe einkehren lassen.

Was nicht als professionelle Hilfe funktioniert, wenn wir uns verändern wollen, sind Menschen, die uns sehr nahestehen. Unsere Liebsten, die beste Freundin, der Freund, unsere Partner und Partnerinnen sind toll – toll zum Trösten und Quatschen und Liebhaben. Auch zum Unterstützen, wenn wir mal die eine oder andere kleine Hilfe brauchen. Mit ihnen sind wir auf Augenhöhe. Wenn wir uns allerdings verändern, wenn wir innerlich wachsen wollen, so kann es sein, dass uns diese Veränderung zunächst einmal ein wenig von unseren Liebsten entfernt. Vielleicht entsteht vorübergehend ein kleiner Abstand, und das gemütliche Miteinander, beispielsweise mit dem Partner oder der Partnerin, wird etwas unruhig. Veränderung bedeutet zunächst einmal Unruhe. Deshalb werden unsere Liebsten zwar stets dafür sorgen, dass es uns gut geht, aber eben auch darauf achten, dass sich nichts Wesentliches in unserem Leben verändert. Und uns ginge das im umgekehrten Fall genauso. Das heißt nicht, dass der frische Wind im Nachhinein nicht doch allen ganz guttut. Doch zunächst einmal soll alles lieber so bleiben, wie es ist.

Deshalb sind Menschen, die uns nahestehen, keine guten Beraterinnen und Berater für uns. Viel besser eignen sich Menschen, die von außen kommen und von unseren Veränderungswünschen nicht unmittelbar betroffen sind.

Sie haben Abstand und sind für mich und mein Problem da, ohne dass ihr eigenes Gefüge ins Wanken gerät und ohne dass sie, ob bewusst oder unbewusst, eine eigene Agenda verfolgen. So eine Hilfe von außen holen sich Profis, die Kräfte freisetzen wollen für ihr Glück und ihre Gesundheit.

Übung: Wegbegleiter finden

Damit Hilfssysteme wirklich greifen können, müssen sie passen. Unsere Aufgabe ist es also zunächst einmal herauszufinden, was genau wir brauchen. Dann kann auch ein kleiner Hebel eine große Wirkung haben.

Nimm dir also eine ruhige Zeit nur für dich und lass dein freies Kind-Ich spielen: Wenn ich könnte, wie ich wollte, wenn ich zaubern könnte, dann hätte ich … eine Putzhilfe oder sogar eine Haushaltshilfe, die mir das leidige Kochen abnimmt – einen Schularbeitenkreis, damit ich mich nicht mehr mit meinem Kind streiten muss – eine Therapeutin mit Taschentuch für meine vielen ungeweinten Tränen – eine humorvolle Paarberatung – ein Karrierecoaching, damit meine Berufung zum Beruf werden kann … und noch mehr und noch mehr.

Dann wähle aus, welche Unterstützung du gern als Erstes hättest, und lass dein fürsorgliches Eltern-Ich zusammen mit der inneren Erwachsenen recherchieren und einen guten Plan dafür erarbeiten, damit dein Wegbegleiter auch wirklich in dein Leben findet.

Erste Schritte: klein, konkret, lustvoll, legal, meine Macht

Neue Wege können nicht nur manchmal in die Irre führen, sondern sie sind oftmals auch mühsam, und das Ziel scheint in weiter Ferne zu liegen. Damit einem da nicht die Puste ausgeht, ist es wichtig, wie man geht. Auch hier helfen uns die Bilder der Transaktionsanalyse. Große Rücksicht müssen wir immer auf unser ängstlich-angepasstes Kind-Ich nehmen. Wenn dem alles zu anstrengend wird, wird es krank und stoppt damit unsere schönsten Vorhaben. Das rebellische Kind dagegen wird sich auf den Boden werfen und sich weigern, auch nur noch einen Schritt zu tun. Damit die beiden dabeibleiben, müssen die Schritte klein sein, so klein, dass man fast gar nicht merkt, wie man sie geht. Und dann müssen wir natürlich einen guten Plan haben, den unser Erwachsenen-Ich in der Hand hält. Dieser Plan muss konkret sein, damit wir genau wissen, was zu tun ist. Klein und konkret also jeder Schritt, damit kommen wir voran. Wenn der Weg nun auch noch Spaß macht, wenn er lustvoll ist, dann treibt uns das freie Kind lachend voran. Natürlich können manche Schritte zwischendurch ein wenig mühsam sein, dann ist von Lust keine Spur. Wenn wir merken, dass wir deswegen nicht weiter vorankommen, sollten wir unser freies Kind-Ich zu diesen Etappen einladen. Vielleicht bringt es gute Musik mit oder eine Freundin, mit der wir während des Weges ein wenig albern sein können.

Damit uns das kritische Eltern-Ich nicht ausbremst, sollte alles was wir tun, legal sein. Damit ist nicht nur das Unterlassen von Straftaten gemeint, sondern vor allem, dass wir die wichtigen Werte unseres kritischen und fürsorglichen Eltern-Ichs nicht verraten, sonst steigen die nämlich aus, und wir verlieren möglicherweise den Zugang zu wichtigen Gemeinschaften. Lustvoll und legal, damit festigen wir unsere Schritte fröhlich und sozial.

Zuletzt kommt ein zweites Mal das Erwachsenen-Ich zum Zuge: Damit ich meinen Weg gehen kann, muss nämlich jeder meiner Schritte in meiner eigenen Macht sein. Darauf kommt es an, wenn ich meine kleinen und großen Ziele erreichen will: Jeder meiner Schritte muss **k**lein, **k**onkret, **l**ustvoll, **l**egal und in meiner **M**acht sein. KLM – damit können wir uns die Grundlagen für unsere Schritte immer wieder herleiten.

Übung: Erste Schritte

Um in komplexen Situationen und Systemen erfolgreich zu sein, ist es nicht immer hilfreich, sich auf die Probleme und deren Entstehung zu konzentrieren – hilfreicher ist es oft, unvoreingenommen zu beobachten, was alles wie gewünscht funktioniert, um in kleinen Schritten mehr davon zu tun. Dazu dienen die ersten Schritte, die auch so beschaffen sind, dass sie mit unseren Ich-Zuständen vereinbar sind.

Nimm dir ein großes Stück Papier und stelle dich ohne

Schuhe darauf. Zeichne nun mit einem Stift die Umrisse deiner beiden Füße nach und schneide diese anschließend aus, sodass du zwei papierne Fußabdrücke als Symbol für deine ersten beiden Schritte erhältst. Nun überlege dir zunächst einen kleinen, konkreten, lustvollen, legalen und in deiner Macht stehenden Schritt hin zu deiner kleinen Sonne. Das ist dein Zukunftsschritt. Den schreibst du auf einen deiner Fußabdrücke. Mehr nicht. Es geht ja nur um den ersten Schritt. Und auch wenn dieser Schritt ganz klein ist und zudem noch Spaß macht, so brauchst du für ihn dennoch Kraft. Es geht also darum, deine Energiebilanz zu verbessern. Schau dir dafür noch einmal deine Tageslaufanalyse vom ersten Tag an und wo die Energieräuber und wo die Kraftquellen sitzen. Hier kannst du ansetzen. Überlege dir also für deinen zweiten Fußabdruck ebenfalls einen kleinen, konkreten, lustvollen, legalen und in deiner Macht stehenden Schritt für den Alltag, der dir das Leben leichter machen könnte. Das kannst du auf zweierlei Weise tun: entweder indem du ein Doppelminus entschärfst oder indem du ein Doppelplus öfter auftauchen lässt. In beiden Fällen wird es dir ein wenig besser gehen, und du setzt Kraft frei für die Verwirklichung deiner ersten kleinen Sonne.

Hänge dir diese beiden ersten Schritte gut sichtbar auf, vielleicht am Kühlschrank oder am Spiegel oder auch an deiner Pinnwand. Zeige sie anderen. Denn damit verpflichtest du dich, deine ersten Schritte auch wirklich zu gehen. Und dann schau, was passiert.

Vielleicht sind deine Schritte so schnell gemacht, dass

du dir gleich die nächsten überlegen willst. Kein Problem. Aber denke daran: Ganz wichtig ist, dass du diese Schritte tatsächlich gehen kannst. Dazu müssen sie klein, also wirklich gangbar sein. Zudem möglichst konkret, damit du sie gleich umsetzen kannst. Und lass sie lustvoll sein, die Schritte sollen dir Spaß machen. Außerdem müssen sie legal sein, das heißt, es gibt keine inneren oder äußeren Widerstände gegen sie. Und zu guter Letzt verkörpern sie deine Macht, etwas in deinem Leben anders zu machen.

Mein erster Schritt

Tanja, die Verkäuferin, zeigt auf einen der Fußumrisse und sagt: «Mein Zukunftsschritt ist einer in Richtung neuer Jobperspektiven. Ich werde mit meinen Chefs sprechen, ob ich meine Arbeitszeit reduzieren kann. Wenn das nicht geht, bewerbe ich mich auf andere Stellen. Das hatte ich eigentlich schon längst vor. Aber dann hatte ich einfach nicht den Mut dazu. Und auf meinen ersten Alltagsschritt freue ich mich richtig. Gerade neulich erst habe ich von einem Wanderclub in unserem Anzeigenblättchen gelesen. Da rufe ich jetzt an. Vielleicht sind da ja nette Leute dabei. Auf jeden Fall komme ich so raus in die Natur und unter Menschen.»

Sie tritt in die Mitte und legt, wie verabredet, ihre beiden ersten Schritte Richtung Ausgang.

Susanne hält ihre Fußabdrücke aus Papier hoch und sagt: «Mein Zukunftsschritt ist eigentlich überfällig: Mir reicht es jetzt mit den ewigen Überstunden. Das geht so echt nicht weiter. Ich werde darüber mit meinem Chef sprechen und ihm sagen, dass ich das nicht länger hinnehme. Ich habe da zu lange nur im Interesse der Firma gehandelt. Das kann ich jetzt sehen. Mal schauen, wie sich die Situation lösen lässt. Vielleicht muss einfach mehr Personal eingestellt werden. Aber ich sage jetzt hier mal nein. Und mein schöner erster Alltagsschritt wird der sein, dass ich meinem Mann vorschlage, uns für einen Paartanzkurs am Wochenende anzumelden. Da brauchen wir dann einen Babysitter – aber das kriege ich schon organisiert. Wer weiß, vielleicht frage ich sogar meine Nachbarin? Auf jeden Fall werde ich wegen des Tanzkurses am Freitag pünktlich gehen!» Auch Susanne tritt nun in die Mitte und schließt ihre ersten Schritte an die von Tanja an.

Sonderpädagogin Birte legt ihre papiernen Fußabdrücke jetzt ebenfalls in Richtung Ausgang und sagt: «Mein erster Schritt in die Zukunft ist, dass ich einen Abend für meinen Mann und mich organisiere, nur wir zwei. Die Kinder kriegen wir schon verteilt. Das hat ja jetzt für das Seminar auch geklappt. Am besten starten wir am frühen Abend mit einem gemeinsamen Spaziergang, dann trinken wir einen Aperitif, und anschließend gehen wir richtig schön essen. Ich werde ihm sagen, dass ich mir mehr Zweisamkeit wünsche. Das geht ihm bestimmt auch so, eigentlich spüre ich das. Und mein erster Alltagsschritt ist, dass ich uns einen festen Babysitter suche. So können wir wieder öfter ausgehen – unsere Jüngste ist drei, da wird es echt Zeit! Und dann nutze ich die Gelegenheit, mit meinem Mann über eine andere Organisation unseres Alltags sprechen: Wer macht was, wer hat wann Freiräume für sich, und wo holen wir uns Hilfe – das ist mir wichtig.»

Olga, die Physikerin, tritt in die Mitte und sagt: «Mein erster Zukunftsschritt hin zu meiner kleinen Sonne ist, dass ich gleich in der nächsten Woche mit meinen Eltern sprechen werde wegen der eventuellen beginnenden Altersdemenz meiner Mutter. Ich werde mit ihr zum Arzt gehen. Ich werde meinem Vater zeigen, dass er nicht allein dasteht, sondern dass wir als Familie diese Situation zusammen meistern. Ich will verlässlich für meine Eltern da sein, sie regelmäßig besuchen. Bisher habe ich das Thema Demenz vermieden, auch aus Angst. Aber das bringt ja nichts.

Mein erster Alltagsschritt wird sein, dass ich mir Entschleunigung gönne. Bratsche spielen und Schwimmen haben mir immer gutgetan, aber mein Ohrgeräusch zeigt mir, dass ich gerade mehr Ruhe brauche. Ich werde eine Yogawoche am Meer buchen. Mal schauen, wohin mich das trägt.»

Silke, die Krankenschwester, setzt mit ihren Fußumrissen die Spur in Richtung Tür fort. Dann sagt sie: «Mein Zukunftsschritt klingt vielleicht etwas verrückt, aber da hat mich unter anderem die Arbeit an meiner Collage draufgebracht. Es gibt bei uns in der Klinik ein Fortbildungsangebot zum Klinikclown. Da stand ich neulich schon davor und dachte, das wär's doch eigentlich! Wir können das ganz normal als Fortbildung machen und werden dafür freigestellt. Nächste Woche werde ich mit meiner Leitung sprechen und mich anmelden. Wenn ich dafür bezahlt würde, kranke Kinder zum Lachen zu bringen, das wäre doch super! Ob das dann klappt, weiß ich nicht, aber ausprobieren kann ich es ja mal. Und mein Alltagsschritt ist ganz praktisch: Zusammen mit meinem Freund mache ich einen detaillierten Plan, wie die Hausarbeit bei uns so verteilt wird, dass jeder etwas tut, auch die Kinder. So klein sind die nicht mehr. Ich habe lange genug alles allein gemacht. Das kann anders werden.»

Dagmar, die Lehrerin in Leitungsfunktion, hält ihre Fußabdrücke in die Höhe und legt sie in die Reihe. Sie sagt: «Auf meinen Zukunftsschritt bin ich ein bisschen durch dich gekommen, Susanne. Du hast so anregend vom Tanzkurs erzählt, den du mit deinem Mann machen willst. Tanzkurs – das gab es in meiner Jugend leider nicht, ich hatte genug damit zu tun, die Schule nachzuholen. Tanzen habe ich also nie gelernt. Aber jetzt habe ich Lust dazu. Es gibt ja auch Anfängerkurse für Singles, da melde ich mich nächste Woche an. Bewegung macht mir ja generell Spaß, und wer weiß, vielleicht treffe ich da auch interessante Leute? Ich bin gespannt. Und was meinen Alltagswunsch anbelangt, so habe ich das ja schon angedacht: Ich lade meine ganze Volleyballmannschaft in meinen Garten ein, jeder bringt etwas mit, und dann feiern wir eine richtig schöne Grillparty. Das wird toll.»

Ein Anfang ist gemacht

Dagmar, Silke, Birte, Susanne, Tanja und Olga stehen da und strahlen. Sechs ganz unterschiedliche Frauen, die sich in den vergangenen fünf Tagen auf eine Reise zu sich selbst begeben haben. Starke Persönlichkeiten, die zu Beginn wie verpuppt wirkten, als befänden sie sich in einem Kokon, reglos – eingeschlossen von zu viel Druck, zu vielen Anforderungen. Frauen, die sich ihre Lebensgeschichten erzählt, ihre Stärken und Schwächen in vielfältiger Weise gezeigt und dabei einander stets wertgeschätzt haben.

Ihr Weg begann mit dem Zauberwunsch. Sie lernten ihre Energiebringer im Alltag und die persönlichen Kraftquellen neu kennen. Sie nahmen die Herausforderung an, ihre bisherige Weltsicht in Bezug auf Arbeit in Frage zu stellen, und erlebten die anstrengende und gleichzeitig befreiende Neujustierung ihrer einengenden Grundannahmen. Sie lernten, der Weisheit des freien Kindes zu vertrauen, machten ihren Leitstern in der Ferne und die nahen kleinen Sonnen aus und drehten ihren persönlichen Ariadnefaden.

Nun leuchten sie in allen Farben, haben ihre prächtigen Flügel entfaltet und können mit neuer Kraft fliegen: Ob sie schweben oder gleiten, im Wind segeln oder sich tragen lassen, nach Herzenslust wirbeln und schaukeln, sich in der Brise wiegen oder umherschwirren – es zieht sie ins Offene und Weite.

Mir bleibt nur zu hoffen, dass die Lektüre dieses Buches die Leserinnen und Leser ebenfalls entlastet, bereichert, bestärkt und – wer weiß? – vielleicht sogar beglückt hat. Wenn es sie darüber hinaus beflügeln könnte, so käme ich meinem Leitstern ein kleines Stück näher.

Ausblick

Ein halbes Jahr später

Ein halbes Jahr nach unserem Seminar erhalte ich Nachricht von den sechs Frauen. Sie erzählen, wie es ihnen seither ergangen ist, wie sich ihr Alltag gestaltet. Viele der Teilnehmerinnen melden sich von sich aus, wenn es ein besonderes Ereignis gegeben hat oder wenn sie sich spontan an das Seminar erinnern. In diesem konkreten Fall habe ich nachgefragt. So erfahre ich, welche Schritte sie gegangen sind, was geklappt hat und auch, was vielleicht anders gelaufen ist als erwartet oder geplant.

Denn es ist ja das eine, frisch motiviert aus dem Seminar zu kommen und voller Lust und Gestaltungswillen die ersten Schritte anzupacken, um neue Wege einzuschlagen, bzw. dieses Buch fast ausgelesen zu haben und frohgemut an den Stellschrauben drehen zu wollen, damit das Leben leichter wird. Das andere ist der Alltag, in dem vieles von außen auf uns zukommt, sodass wir Gefahr laufen, doch wieder in die alten Muster zurückzufallen und auf der gut eingefahrenen Autobahn unterwegs zu sein. Hier hilft es, kleine Elemente aus diesem Buch in den Alltag einzubauen. Zum Beispiel können wir unseren Kraftsatz, unseren Ariadnefaden, selbst wenn wir ihn auswendig gelernt haben, immer auf einer Karte in unserer Tasche dabeihaben. Sobald wir spüren, dass wir uns verhaken, ziehen wir ihn hervor und wissen wieder, wer wir sind und wohin wir wollen. Die unterschiedlichen Entspannungsübungen können wir zu regelmäßigen Zeiten ebenfalls in unseren Alltag einbauen – auch sie helfen uns, immer wieder bei uns selbst anzukommen. Und zu guter Letzt kann dieses Buch uns immer wieder aufs Neue eine Hilfe sein, um uns daran zu erinnern, wo unsere spielerische Kraft, unsere Lebenslust eigentlich herkommt.

Die Physikerin Olga schreibt, dass bei ihrer Mutter tatsächlich eine Altersdemenz diagnostiziert wurde – und wie traurig sie das gemacht hat. Doch sie berichtet außerdem, dass sie seitdem ein viel innigeres Verhältnis nicht nur zu ihrer Mutter, sondern auch zu ihrem Vater entwickelt hat. Der Vater erzählt Olga viel mehr als früher. Sie hat gemeinschaftlich mit ihm und den Ärzten einen guten Plan für die Zukunft erarbeitet. Noch können beide Eltern zu Hause wohnen, doch sie haben externe Unterstützung angenommen: Regelmäßig kommen nun eine Pflegekraft und eine Putzhilfe. Ein Heim, in dem später beide Eltern werden wohnen können, hat Olga bereits zusammen mit ihrem Vater ausgesucht. Darüber ist sie froh.

Die geplante Yogawoche am Meer hat Olga gegen eine Woche mit ihrem Freund am Meer getauscht, denn nach der Demenz-Diagnose ihrer Mutter war ihr gar nicht nach Alleinsein. Dort konnte sie frühmorgens eine Stunde Yoga für sich am Strand machen. Sie nimmt sich jetzt neben ihren Hochschulverpflichtungen an festen Abenden in der Woche gezielt Zeit für ihre Eltern und Freunde und räumt ihrer Liebesbeziehung einen ganz besonderen Platz ein. Und: Sie hat ein neues Streichquartett mit sympathischen Musikerinnen gefunden. Dieses Ensemble ist nicht so verbissen auf Erfolg ausgerichtet wie das vorherige. Nun musiziert Olga wieder mit großer Lust. Zum runden Geburtstag ihrer Mutter plant sie ein Vorspiel mit dem neuen Quartett. Wegen ihres Tinnitus ist Olga in Behandlung. Sie lernt, das Ohrgeräusch in den Hintergrund zu verlagern. Es belastet sie deutlich weniger.

Bei der Krankenschwester Silke hat es mit der Fortbildung zum Klinikclown geklappt. Ihr ganzes Team sieht mit Begeisterung, wie viel Freude Silke den kranken Kindern in ihrer Clownsrolle bereiten kann. Sie hat immer wieder Sondereinsätze bei Kindern, die schon lange auf der Station sind. Die Tätigkeit als Klinikclown bringt ihr ein kleines Extrageld ein, das sie eventuell dafür einsetzen will, eine Putzhilfe zu suchen, um die familiären Konflikte zu mindern. Denn die Familie hat die Neuverteilung der Hausarbeit zwar anfangs respektiert, doch es gibt hier viele Stolpersteine, gerade bei den Kindern. Silke schreibt, dass ihr der Ariadnefaden dabei hilft, immer wieder geduldig zu sein – mit sich und den anderen. Gesundheitlich geht es ihr besser.

Die Lehrerin Dagmar schreibt, dass der Grillabend mit dem Volleyballteam ein voller Erfolg war und eine andere Teamkollegin die Runde auch bereits eingeladen hat. Diese Essensrunde will Dagmar unbedingt fortsetzen. Leider ist der Single-Tanzkurs mangels Teilnehmer nicht zustande gekommen. Das hat Dagmar ein bisschen enttäuscht. Sie überlegt aber, ob sie noch einmal einen neuen Anlauf bei einer anderen Tanzschule nimmt. Was sie betont: Es gelingt ihr jetzt immer öfter – auch bei größeren Anforderungen – ihre Pausen einzuhalten und sie sogar zu genießen. Sie merkt, dass sie danach nicht so angespannt und insgesamt leistungsfähiger ist. Immer wieder hilft es ihr, sich an ihren veränderten Glaubenssatz zu erinnern. Auch ihr Schlaf wird langsam besser, und das Knirschen ist längst nicht mehr so heftig. Migräneanfälle kommen seltener. Das Ohrgeräusch ist zwar noch da, aber so leise, dass sie es meist nicht hört. Sie erahnt wieder etwas von ihrer alten Kraft.

Werkstoffprüferin Susanne hat manchmal noch ein schlechtes Gewissen, wenn sie ab und zu halbwegs pünktlich geht und eine halbe Stunde – oder mehr – gemütlich auf dem Sofa sitzt. Aber das schlechte Gewissen wird weniger, auch weil sie merkt, dass die Firma dadurch nicht untergeht und die Kolleginnen und Kollegen eher erleichtert sind, weil sie dann selbst mal etwas liegen lassen können. Vor allem aber geht es ihr körperlich deutlich besser. Sehstörungen sind keine mehr aufgetreten. Susanne berichtet außerdem, dass ihr der fortgesetzte Kontakt mit einigen aus der Seminargruppe hilft. Ihr Mann ist froh, weil Susanne entspannter ist, und der gemeinsame Tanzabend ist ihr kleines Highlight. Der Babysitter ist teuer, aber er tut ihr und der Beziehung gut. Sie schreibt, dass sie mit ihrem Mann auch über Finanzen gesprochen hat. Sie haben beide festgestellt, dass der Fokus vorher zu sehr auf der schnellen Tilgung der Raten lag. Nun haben sie die Höhe der Raten verändern können. Susanne schreibt, es könne ja ruhig langsamer gehen mit dem Abbezahlen des Häuschens. Dafür hätten sie jetzt schon mehr vom schönen Leben. Und um sie immer an ihre Zukunftsperspektiven zu erinnern, hängt die Collage aus dem Seminar über ihrem Sofa.

Tanja hat ein neues Selbstbewusstsein. Sie war sehr überrascht, dass sich ihre Chefs auf die Stundenreduzierung eingelassen haben. Bisher war die Devise der Geschäftsleitung immer gewesen: «Ganz oder gar nicht». Das hatte sie bislang auch nie angezweifelt. Nun war sie selbst innerlich ganz klar, dass sie sich anderenfalls eben eine neue Stelle suchen würde. Das musste sie denen gar nicht sagen. Ihre Chefs haben wohl gespürt, dass sie sonst gehen würde. Es wurde eine Teilzeitkraft im Markt eingestellt, die Tanja entlastet. Sie ist sehr stolz auf ihren Erfolg. Den Wanderclub, von dem sie in der Zeitung gelesen hatte, gibt es nicht mehr, aber die Kirchengemeinde bietet in regelmäßigen Abständen Ausflüge in die Natur an. Da ist sie einige Male mitgegangen und hat sich auch schon mit ein paar sehr netten Frauen und Männern angefreundet. Jetzt planen sie, mit der losen Gruppe selbst einen Wanderverein zu gründen. Dafür recherchieren sie gerade, wie das geht und wie andere das machen. Tanja sagt: Ich spüre mich wieder.

Birte hat gleich nach dem Seminar einen langen Ausgeh-Abend beim schicken Italiener für sich und ihren Mann organisiert. Sie hat ihm ausführlich vom Seminar erzählt und gesagt, dass sie sich Hilfssysteme für den Alltag wünscht: eine Putzhilfe und einen regelmäßigen Babysitter, sodass sie auch mal Zeit für sich hat. Ihr Mann war zunächst recht überrascht, weil er immer davon ausgegangen war, dass sie die Kinder niemand anderem überlassen will. Tatsächlich hatte gerade ein Kollege von seiner «Perle» geschwärmt. Da hat er ein paar Tage später nachgehakt, und es hat geklappt – die Putzhilfe entlastet Birte jetzt. Außerdem hat sie einen Praktikanten aus ihrer Einrichtung als Babysitter gewinnen können. Worüber Birtes Mann erleichtert war: dass er selbst nicht noch mehr in die Pflicht genommen werden sollte, was er befürchtet hatte. Er hat ihr gesagt: Du wirkst immer so stark, ich bin ganz baff, dass du dir Hilfe wünschst. Birte schreibt von einem neuen Verliebtheitsgefühl.

Anhang

Service/Adressen

Kluge Menschen holen sich Hilfe. Das bedeutet auch bereits Hilfe beim Hilfesuchen. Lassen Sie sich Zeit bei der Entscheidung, denn was auch immer Sie brauchen, eine vertrauensvolle Zusammenarbeit ist unbedingte Voraussetzung.

Was eine klassische therapeutische Unterstützung anbelangt, so bieten die Krankenkassen geprüfte Listen für Angebote in Ihrer Nähe. Ebenso die Deutsche Psychotherapeutenvereinigung DPtV:

www.deutschepsychotherapeutenvereinigung.de/nc/patienten/psychotherapeutensuche/

Lassen Sie sich vorher telefonisch beraten, was in Ihrem Fall das passende Vorgehen sein könnte.

Frauen-, Paar-, Familien- und Erziehungsberatungen bieten die jeweiligen Städte und Gemeinden an, aber auch private Vereine sowie kirchliche Einrichtungen wie das Diakonische Werk oder die Caritas. Diese finden Sie digital auf den jeweiligen Websites, häufig aber auch in Form von Broschüren bei ihren Bezirks- und Gemeindeämtern.

Coachings sind oftmals sehr spezifisch. Hier empfiehlt sich das Einholen von Erfahrungen und Empfehlungen über Freunde und Bekannte.

Literatur zum Weiterlesen

Ein Leben ganz plötzlich ohne Bücher – das wäre mein persönlicher Säbelzahntiger. Der Gedanke, selbst für eine kurze Zeit nicht mehr eintauchen zu können in gedankliche und emotionale Parallelwelten, löst bei mir einen solchen Stress aus, dass ein Großteil meines Gepäcks – wohin auch immer die Reise geht – aus Büchern besteht. Hier nur eine winzig kleine Auswahl dieser spannenden, tröstlichen, erheiternden, anregenden Universen rund um unser Thema:

Alltagserleichterungen von verschiedenen Seiten

Gührs, Manfred und Nowak, Claus: Das konstruktive Gespräch. Ein Leitfaden für Beratung, Unterricht und Mitarbeiterführung mit Konzepten der Transaktionsanalyse. Aktualisierte Neuauflage. Meezen 2014

Heinemann, Helen: Eltern werden – Liebespaar bleiben. 50 Tipps, damit die Liebe überlebt. Reinbek 2005

Hüther, Gerald und Quarch, Christoph: Rettet das Spiel. Weil Leben mehr als funktionieren ist. München 2018

Janosch: Oh, wie schön ist Panama. Die Geschichte, wie der kleine Tiger und der kleine Bär nach Panama reisen. Weinheim 1978

Kingston, Karen: Feng Shui gegen das Gerümpel des Alltags. Richtig ausmisten – Gerümpelfrei bleiben. Reinbek 2014

Klein, Stefan: Träume. Eine Reise in unsere innere Wirklichkeit. Berlin 2014

Lobo, Sascha und Passig, Karin: Dinge geregelt kriegen ohne einen Funken Selbstdisziplin. Planlos glücklich. Reinbek 2010

Pearson, Allison: Working Mum. Humorvolle Work-Life-Balancing-Katastrophen. Reinbek 2004

Watzlawick, Paul, Weakland, John H. und Fisch, Richard: Lösungen. Zur Theorie und Praxis menschlichen Wandels. Bern 1975

Für einen liebevollen Selbstumgang

Chopich, Erika und Paul, Margaret: Aussöhnung mit dem inneren Kind. Vom liebevollen Selbstumgang. Hamburg 1997

Kleinschmidt, Carola: Gesünder arbeiten. Besser leben. Mit mehr Lebensfreude und Gelassenheit durchs Jahr. Hamburg 2020

Sellin, Rolf: Wenn die Haut zu dünn ist. Hochsensibilität – vom Manko zum Plus. München 2011

Mit Vergnügen den eigenen Weg gehen

Christiani, Alexander: Weck den Sieger in dir. In 7 Schritten zu dauerhafter Selbstmotivation. Wiesbaden 2008

Covey, R. Stephen: Der Weg zum Wesentlichen. Zeitmanagement der vierten Generation. Frankfurt 2014

Erhardt, Ute: Gute Mädchen kommen in den Himmel – böse überall hin. Warum Bravsein uns nicht weiterbringt. Hamburg 1994

Gladwell, Malcom: Überflieger. Warum manche Menschen erfolgreich sind und andere nicht. München 2010

Knaths, Marion: Spiele mit der Macht. Wie Frauen sich durchsetzen. München 2009

Modler, Peter: Das Arroganz-Prinzip. So haben Frauen mehr Erfolg im Beruf. Überarbeitete Neuausgabe Berlin 2018

Modler, Peter: Die freundliche Feindin. Weibliche Machtstrategien im Beruf. München 2017

Sher, Barbara: Wishcraft. Lebensträume und Berufsziele entdecken und verwirklichen. Osnabrück 2004

Sprenger, Reinhard K.: Die Entscheidung liegt bei dir. Wege aus der alltäglichen Unzufriedenheit. Frankfurt 2016

Nein sagen ohne ein schlechtes Gewissen

Jaud, Tommy: Einen Scheiß muss ich. Das Manifest gegen das schlechte Gewissen. Berlin 2016

Reinwarth, Alexandra: Am Arsch vorbei geht auch ein Weg. Wie sich dein Leben verbessert, wenn du dich endlich locker machst. München 2016

Stress und andere Unannehmlichkeiten

Bamberger, Christoph M.: Stressintelligenz. Stress besser meistern – Lebensenergie gewinnen. München 2009

Bernhardt, Klaus: Panikattacken und andere Angststörungen loswerden. Wie die Hirnforschung hilft, Angst und Panik für immer zu besiegen. München 2017

Bernhardt, Klaus: Depression und Burnout loswerden. Wie seelische Tiefs wirklich entstehen und was Sie dagegen tun können. München 2019

Heinemann, Helen: Warum Burnout nicht vom Job kommt. Die wahren Ursachen der Volkskrankheit Nr. 1. Aßlar 2012

Heinemann, Helen: Warum Stress glücklich macht. Oder: Wieso wir aufhören sollen zu entspannen. Aßlar 2015

Unger, Hans-Peter und Kleinschmidt, Carola: Bevor der Job krank macht. Wie uns die heutige Arbeitswelt in die Erschöpfung treibt und was man dagegen tun kann. München 2006

Über den Alltag hinaus

Ariely, Dan: Denken hilft zwar, nützt aber nichts. Warum wir immer wieder unvernünftige Entscheidungen treffen. Erweiterte Neuausgabe. München 2015

Bauer, Joachim: Prinzip Menschlichkeit. Warum wir von Natur aus kooperieren. Hamburg 2006

Bauer-Jelinek, Christine: Die helle und die dunkle Seite der Macht. Wie Sie Ihre Ziele durchsetzen, ohne Ihre Werte zu verraten. Salzburg 2016

Dobelli, Rolf: Die Kunst des klaren Denkens. 52 Denkfehler, die Sie besser anderen überlassen. München 2014

Klein, Stefan: Die Glücksformel. Wie die guten Gefühle entstehen. Reinbek 2002

Harari, Yuval: Eine kurze Geschichte der Menschheit. Warum wir sind, wie wir sind. München 2015

Hüther, Gerald: Bedienungsanleitung für ein menschliches Gehirn. Das ungenutzte Potential unseres Gehirns. Göttingen 2006

Precht, Richard David: Die Kunst, kein Egoist zu sein. Warum wir gerne gut sein wollen und was uns davon abhält. München 2012

Watzlawick, Paul: Wie wirklich ist die Wirklichkeit? Wahn, Täuschung, Verstehen. München 1976